岗课赛证 GKSZ

教育类专业"岗课赛证融通"配套教材

理实一体
入眼·入脑·入手
易教·乐学

U0659747

教师礼仪修养

（第2版）

JIAOSHI LIYI XIUYANG

主　编：唐志华　杨志敏
封面照片：周锦鑫

北京师范大学出版集团
BEIJING NORMAL UNIVERSITY PUBLISHING GROUP
北京师范大学出版社

图书在版编目(CIP)数据

教师礼仪修养/ 唐志华,杨志敏主编.-2 版.-北京:北京师范大学出版社, 2022.8
ISBN 978-7-303-27944-9

Ⅰ. ①教… Ⅱ. ①唐… ②杨… Ⅲ. ①教师－礼仪－幼儿师范学校－教材 Ⅳ. ①G451.6

中国版本图书馆 CIP 数据核字(2022)第 112598 号

营销中心电话　010-58802755　58800035
编 辑 部 电 话　010-58802883
电 子 信 箱　ygp@bnupg.com

出版发行: 北京师范大学出版社 www.bnup.com
　　　　　北京市西城区新街口外大街 12-3 号
　　　　　邮政编码: 100088

印　　刷: 天津旭非印刷有限公司
经　　销: 全国新华书店
开　　本: 889 mm×1194 mm　1/16
印　　张: 8.5
字　　数: 160 千字
版　　次: 2022 年 8 月第 2 版
印　　次: 2022 年 8 月第 18 次印刷
定　　价: 24.80 元

策划编辑: 姚贵平　　　　　责任编辑: 林山水
美术编辑: 焦　丽　　　　　装帧设计: 焦　丽
责任校对: 陈　民　　　　　责任印制: 陈　涛

前　言

礼仪是人类社会文明的表现形式之一，伴随着人类社会的发展而发展。礼仪是一种秩序，是人们应当共同遵守的思想道德规范和行为规范，是道德的外在表现形式。人们把讲究礼仪、礼节、礼貌作为一个国家和民族文明程度的重要标志。

在现代社会中，"礼仪"不仅关系到整个社会的精神文明和社会风气、民族风貌，也关系到文化事业、经济事业、教育事业和国际交往等领域的基础建设。礼仪作为一种社会活动，对各类团体和社会组织来说，不仅反映其管理水平，也反映其员工基本素养。对个人来说，一方面，礼仪程度是衡量道德水平高低和待人接物素养的尺度；另一方面，礼仪也是人们适应社会发展、促进事业进步的必要途径。

礼仪的内涵十分丰富，但其本质和核心在于尊重——对自己、对他人、对社会、对事物、对环境的尊重。对在校师范生来说，礼仪学习有着双重意义。学生要通过认真、系统的学习和有意识的训练，培养真诚友善、谦虚随和的待人态度，形成端庄大方、热情友好、谈吐文雅、有理有节的行为举止，把礼仪作为一项基础职业素养。学生还要树立尊重意识，提升思想道德品质，为礼仪的教育和传授打下基础。

本书以习近平新时代中国特色社会主义思想为指导，全面落实立德树人的要求，旨在让师范院校的学生了解现代礼仪的基本常识，掌握作为教师的待人接物的方法与技巧，形成人际交往及教师职业中的基本礼仪规范，树立起良好的教师形象，养成良好的教师职业意识。

本书强调知识与规范学习的同时，充分挖掘礼仪的思想教育功能，致力于调动学生学习的主动性、积极性与创造性，以保证学生学习的质量与效果。

本书针对师范生的认知规律与特点，注重每一种礼仪规范的训练与养成，力求使学生真正做到"举手投足皆有礼"。

本书由南京晓庄学院唐志华、郑州幼儿师范高等专科学校杨志敏担任主编，专题一学习任务由运城幼儿师范高等专科学校李平编写，专题二、专题三由杨志敏编写，专题四、专题五(学习任务1、学习任务2、学习任务4、学习任务5)、专题七由南京幼儿高等师范学校赵春燕编写，专题五(学习任务3)由南京幼儿高等师范学校黄立新编写，专题六由南京幼儿高等师范学校周全编写。唐志华负责全书的编写组织、统稿、定稿工作。

本书中如有不妥和疏漏之处，敬请广大读者批评指正(有好的意见与建议请发邮件至 yaoguiping@126.com)，以便我们不断修订、完善。

编　者

目 录
CONTENTS

专题一
认识礼仪

学习目标

通过本专题学习，你应该能够实现以下目标。

1. 了解礼的起源，理解礼貌、礼节与礼仪的含义。
2. 掌握礼仪的原则，能在实践中自觉坚持礼仪原则。
3. 明确培养礼仪修养的主要途径，自觉提高自己的礼仪修养。

同学，你想受到他人的尊重吗？你想成就一番事业吗？你想成为高尚的人吗？如果你的回答是肯定的，那么，你就必须懂得礼仪。你只有学会尊重他人，才会受到他人的尊重；你只有学会与人和睦相处，事业才会一帆风顺；你只有学会帮助他人，才能得到他人的帮助。怎样才算懂得礼仪，怎样做才是不失礼仪呢？首先，我们必须学习礼仪的相关知识。

学习任务 1
了解礼的起源

凡人之所以为人者，礼义也。——《礼记·冠义》

这句话的意思是，人之所以是人，是因为人讲礼仪。《礼记》成书于西汉时期，那个时代的人们已经意识到了礼仪的重要性，并把礼仪作为人与动物的区别。可以说，中国被称为"礼仪之邦"是有其根据的。现代的人们理应继承传统礼仪的精华，让中国的优秀礼仪文化发扬光大。

一、礼的起源 >>>

礼起源于祭祀，《说文解字》说："礼者，履也，所以事神致福也，从示从豊。""示"，是意符，说明"礼"与祭祀有关；"豊"是盛食物的器皿。古代祭祀主要分为两种：一是祭祀自然神，二是祭祀祖先。远古时期，人们认识能力有限，对一些自然现象无法解释，进而对其充满了恐惧、敬畏，认为这些自然现象源于神灵，因此对神灵顶礼膜拜，希望它们赐福消灾。这就是祭祀自然神。同时，人类对自身的生老病死等现象也是难以理解的，并认为人死后灵魂不灭，灵魂既能保佑生者，又能给生者带来灾难。如何让祖先的灵魂给自己带来幸福？方法就是祭祀祖先。特别是商代，信奉鬼神是相当普遍的现象。据《礼记·表记》："殷人尊神，率民以事神，先鬼而后礼。"

当然，随着认识能力的提高，人们在崇拜自然的同时也在观察自然、思考自然现象。四时运行不悖，物产就丰饶，反之，就导致自然灾难。既然四时运行遵循一定的规则，人类也应如此，这就是由"观乎天文"到"观乎人文"的转变。于是，就有必要制定一定的规则调整人们的生活，保障其有序进行。如张晋藩《中国政治制度史》说："最初的礼，原是人们供奉鬼神的一种习俗。随着国家的产生，阶级关系的复杂化，为了巩固奴隶主贵族的暴虐统治，他们需要规定出一套统治秩序，于是把礼逐渐由祭祀仪式发展成为调整人们社会关系的行为准则。"

无论是祭祀鬼神的仪式，还是调节人与人之间关系的规范，礼的制定者都是统治阶级。在古代，祭祀是神圣的活动，从事这种活动的人的地位也是很高的。祭祀的权力掌握在统治阶级的手中，他们通过祭祀维护自己的统治。这表明祭祀有两个作用：一是表达对神灵的敬畏，二是加强统治。礼演变为调节人与人之间关系的规范后，它的制定者非统治阶级莫属，因为礼本身就是一套社会政治制度、道德标准、行为规范。

礼由对自然鬼神的崇拜到规范人伦，就目前的文献而言，最早系统地制定礼仪的人是周公。周公，名旦，亦称叔旦，西周时期的政治家、军事家、思想家、教育家，周文王的第四子，周武王的弟弟。周公主持了对以往的宗法传统习惯的补充、整理，制定出一套以维护宗法等级制度为中心的行为规范以及相应的典章制度、礼节仪式。统治阶层力图使西周的社会制度、国家制度和人们的生活、思想都符合礼的要求，做事以礼为准则。"周公摄政，一年救乱，二年克殷，三年践奄，四年建侯卫，五年营成周，六年制礼作乐，七年致政成王，北面就群臣之位。"（《尚书大传》）"朝诸侯于明堂，制礼作乐，颁度量而天下大服。"（《礼记·明堂位》）我们说周公系统制定礼仪，并不是说在这之前就没有礼仪，周公只是在之前礼制的基础上制定周礼而已。孔子说："殷因于夏礼……周因于殷礼。"（《论语·为政》）又说："周监于二代，郁郁乎文哉。"（《论语·八佾》）这是说周礼是在总结继承夏礼、殷礼的基础上而制定出来的，周文化是继承发扬夏、商文化而繁荣兴盛起来的。此后，中国的历史中朝代更迭，但周公所确定的礼制却被继承了下来。可以说，我们的礼仪传统有着悠久的历史，很多能够追溯至西周时期。

二、礼貌、礼节和礼仪 >>>>>>>>>>>>>>>>>>>>>>>>>>>>>>

礼貌、礼节和礼仪都是人际交往过程中表示尊重、友好的行为，它们既相互联系，又有区别。从目的上说，它们是一致的，都是为了保持人际交往正常有序地进行，但它们又各有其自身的具体含义。

礼貌，指以言语、行动所表现的恭敬、谦虚，是礼仪在言语、行动上的表现。对人的恭敬、谦虚必须是发自内心的。礼貌侧重于强调个人的道德品质，是一个人良好道德品质的真实体现。它是礼仪的内在基础。

礼节，指人际交往过程中的行为规范，是礼仪的外在表现。它具体规定人际交往中言语、行动的规则和形式。与礼貌相比，礼节处在表层，总是表现为一定的动作、行为。一个人有礼貌，虽有对他人尊敬友好的心意，但如果不懂礼节，就容易失礼。礼节是表示对他人尊重与友好的外在行为规范，也与内在品质有关系。

礼仪是由"礼"和"仪"两个字组成的。什么是"礼"？"礼者，敬而已矣。"（《孝经》）"礼"即尊敬人，意在强调在人际交往中人人都要尊敬别人。什么是"仪"？"仪"就是规则、标准。由此可见，礼仪就是一种人们相互之间表示尊重和友好的行为规范，具体来说，包括人际交往过程中的行为规范及典礼的秩序形式。显然，它的范围比礼节大，包含特殊场合的仪式如结婚庆典、生日宴会等。

📇 相关链接

有位同学的爷爷过生日，她和爸爸妈妈一起去参加庆贺爷爷生日的祝寿宴。在整个宴会期间，这位同学几乎一直在摆弄手机。

显然，这位同学的行为是很不礼貌的。尊老爱幼是我们中华民族的传统美德，尊重他人也是最起码的修养。即使当时有非常重要的事情一定要通过手机来处理，也要尽量缩短使用的时间和降低使用的频率。席间即使有些客人不熟悉，也要有些语言交流，否则容易给其他人留下冷漠、不懂事、没礼貌的印象。

学习任务 2
认识礼仪的意义与原则

信近于义，言可复也；恭近于礼，远耻辱也。——《论语》

这句话的意思是，如果约定的内容符合道义，约定的话就可以实现；如果恭敬的态度符合礼节的要求，就不会因此受到屈辱。它揭示了礼仪的重要作用。

我们经常说中国有 5000 年的文明，中国是礼仪之邦。讲礼仪有什么意义？遵守礼仪有什么原则？这是我们接下来要探讨的问题。

一、礼仪的意义 >>>>>>>>>>>>>>>>>>>>>>>>>>>>>>>>>>>>>>>

（一）反映个人修养

礼仪本身是一种既具有内在道德要求，又具有外在表现形式的行为规范。

礼仪既是人的文化修养、道德品质、精神气质和思想境界等内在的要求，又是谦恭的态度、文明礼貌的语言、优雅得体的举止等外在的表现。人没有内在的修养，外在的形式就失去了根基。荀子说："故礼者，养也。"（《荀子》）强调的是礼仪是每个人都必须具备的为人处世的基本素养。

首先，礼仪是人与动物相区别的一个标志。《诗经·鄘风·相鼠》中说："相鼠有皮，人而无仪；人而无仪，不死何为？"意思是：看那老鼠有皮，而有的人不知礼仪；人不知礼仪，活着不死还等何时呢？孟子也说："饱食、暖衣、逸居而无教，则近于禽兽。"（《孟子》）意思是：吃得饱、穿得暖、住得安逸却没有教养的人，和禽兽差不多。可以说，礼仪是区别人与动物的一个重要标志。

其次，礼仪能提高个人修养。如果人们都能够按照礼仪做事，那么他们就会提升自己的人格，而成为文明的人。

一个人讲求礼仪，他才是文明的人，才能被别人所接纳，也才能有较好的发展空间。

（二）促进社会和谐发展

礼仪能促进社会和谐发展，在国家建设和社会发展中有着重要地位和作用。如果一个国家没有完备的礼仪规范，或者人们不能自觉地遵守礼仪规范，那么这个国家的社会秩序必然混乱不堪。礼仪规范是衡量社会秩序状况的一个重要尺度。

现代社会中，人在工作、生活中表现出良好的礼仪，会受到人们的欢迎。

二、礼仪的原则 >>>>>>>>>>>>>>>>>>>>>>>>>>>>>>>>>>>>>

（一）宽人严己的原则

人们在交际活动中遵守礼仪，既要严于律己，又要宽以待人。对自己要求要高、要严，不能自满。

1. 严于律己表现在对名利的态度上

对名利的态度能反映出一个人的品位。我们应该怎样对待名利呢？不是自己应得的，无论多少都不能要，更不能以不光彩的手段去获取。可以说，在对名利的追求上也要讲原则。学习礼仪不仅仅是要依礼而行，更重要的是随时警惕，不要做失礼的事。

🖋 相关链接

20世纪60年代初，周恩来总理身边的工作人员为了保护与加固建筑物，趁他出国访问的机会抢时间为他进行了简单的室内装修，更换了窗帘、洗脸池与浴缸。周恩来回国后见了十分生气，将工作人员狠狠地批评了一顿。事后，他语重心长地对身边的工作人员说："我身为总理，带一个好头，影响一大片；带一个坏头，也影响一大片，所以，我必须严格要求自己……你们花那么多钱，把我的房子搞得那么好，群众怎么看？一旦大家都学着修起房子来，在群众中会造成什么样的影响？"周恩来的这一番话发人深省。自此以后，再也没有人敢提装修房屋的事了。

正如陈毅元帅所说："廉洁奉公，以正治国者，周恩来也。"从这里我们可以看出，周恩来总理在生活中是如何严格约束自己的。

2. 严于律己和宽以待人

我们不仅要严于律己，也要宽以待人。宽以待人就是对别人理解、宽容。韩愈说："古之君子，其责己也重以周，其待人也轻以约。重以周，故不怠，轻以约，故人乐为善。"这句话取自《原毁》，意思是：古代品德高尚的人，他们对自己的要求既严格又全面，对别人既宽容又平易。对自己的要求严格而全面，就不会懈怠；对别人宽容而平易，别人就乐于做好事。理解、宽容就是要豁达大度，有气量，不计较和不追究别人的小过失。具体表现为一种胸襟、一种容纳意识，既有"海纳百川"的气度，又有自控能力，不要对别人的小过失紧抓不放。

遵守礼仪要宽人严己，最重要的就是要自我要求、自我约束、自我对照、自我反省、自我检查。说到底，就是按照礼仪规范严格要求自己，知道自己该做什么、不该做什么。

（二）尊人卑己的原则

尊人卑己是中华民族的传统美德，这从称呼上就可以看出。古人称别人时用敬辞，称自己或家人时用谦辞。

在社会交往中，人们要有尊敬他人之心，处处不可失敬于人、不可伤害他人的尊严，更不能侮辱对方的人格。尊敬他人也包括尊敬自己，维护个人乃至组织的形象。不可有意贬低他人抬高自己甚至有损人利己的言行，因为这都不符合尊人卑己的原则。

（三）入乡随俗的原则

入乡随俗是指到了一个地方，就遵从那里的风俗、习惯、禁忌，如果不注意当地的风俗、习惯、禁忌，就会在交际中产生障碍和麻烦。由于民族、文化背景的不同，必须坚持入乡随俗的原则，与当地的习惯做法保持一致，切忌目中无人、自以为是。正如《汉书》中所说："百里不同风，千里不同俗。"各地的风俗不同，到一个地方或国家，要问一下当地的风俗。礼仪就要根据当地的风俗习惯而实施。

（四）平等的原则

在礼仪面前，应该人人平等。这里强调平等的原则，与前面尊人卑己的原则不矛盾。尊人卑己是从交往方式来说的，并不是人格上的人尊我卑。人际交往中，不论职位高低、家庭贫富，人格都是平等的。所以我们提倡，对所有的人都应当一视同仁、平等交往。

（五）不妨碍他人的原则

一个人可以自由地做自己想做的事，但不能因此而影响他人。我们说不能随便扔垃圾、高声喧哗、不对号入座等，因为这些行为都会妨碍他人，都与礼仪的

学习笔记

原则相违背。

遵守礼仪的原则是现代社会对我们提出的基本要求，更是人格素质的基本体现。在交往中，只有遵守礼仪的原则，才能赢得他人的尊重，确保交际活动达到预期的目标。当然，仅仅知道这些原则还不够，关键在于怎样努力践行这些原则。

学习任务 3
培养礼仪修养的途径

禁童子之暴谑，则师友之诫，不如傅婢之指挥。——《颜氏家训》

这句话的意思是，禁止小孩的胡闹行为，那么老师、朋友的告诫，就不如侍婢的教育。这表明家庭教育在孩子的成长中有重要的作用。

✎ 学习笔记

一、培养礼仪修养的具体途径 >>>>>>>>>>>>>>>>>>>>>>>>>>

个人礼仪养成的途径是多方面的，但主要通过家庭教育、学校教育、社会教育三个途径来完成。

（一）家庭教育

1. 家庭教育的地位

家庭是个人教育特别是幼儿教育的基本场所。家庭教育是个人礼仪培养的基本途径，也是礼仪养成的起始阶段，起到了联系学校、社会的桥梁与纽带作用。如果孩子在家庭教育中接受了较好的礼仪教育，就会养成良好的礼仪习惯，能够与人友好相处，在以后的学习、工作中能更进一步地充实、发展和完善自己，有良好的发展空间。这样的人在学校会受到师生的喜爱，在社会上会受到他人的尊重。每个家庭都应该重视家庭礼仪教育，使家庭成员成为懂礼貌、有教养的人。一个人在家庭生活和活动中形成的各种文明习惯，对他以后的发展会产生极大的影响。

2. 家庭教育的主要来源

家庭教育主要来自两个方面：一是父母对孩子的教育，二是家庭中其他成员对孩子的教育。

父母对于孩子礼仪的培养有重要作用。孩子在家庭中受到的教育主要来自父母；父母是孩子的第一任老师，对孩子进行启蒙教育。由于独特的地位，父母教育孩子有自己的优势，正所谓："夫同言而信，信其所亲。"（《颜氏家训》）

家庭中其他成员包括爷爷奶奶、外公外婆、叔叔阿姨、兄弟姐妹等，他们都是影响孩子成长的重要因素。家庭中其他成员在相互接触、交流中教育孩子，培养孩子的礼仪习惯。因此，实施家庭礼仪教育要注意到家庭中的每个成员。值得一提的是，家庭中其他成员的教育不能替代父母的教育。特别是有的父母因为生活、工作等原因把孩子交给他人照顾，出现了"留守儿童"问题，这些孩子的教育更应引起重视。

（二）学校教育

1. 学校教育的地位

学校教育是个人礼仪培养的主要途径，对个人礼仪的养成起着举足轻重的作用。学校教育通过制订计划，系统地向学生传授文化知识、社会规范、道德准则，其中一个重要方面是培养学生良好的行为习惯，为今后走上工作岗位、成就美好人生奠定良好的基础。

2. 学校教育的方式

学校教育的方式主要有四种：一是落实学校行为规范，二是人文学科礼仪知识的渗透，三是开设礼仪课，四是教师以身示范。

(1)落实学校行为规范。礼仪教育的实施以日常生活规范的教学与落实为基础，从最基本的抓起，逐步提高完善。在日常生活中更要让学生去实践，切身体会运用礼仪知识带来的益处。只有这样长期不断地训练，学生才会形成道德行为准则的自律转变。他们才会逐渐认识到礼仪知识并不是一种表面的形式，而是有其特定内涵。

(2)人文学科礼仪知识的渗透。人文学科是人文教育课程的核心内容，人文教育的主要目标是要提高人们的人文素养，让学生学做文明的现代人，使人有更开阔的心胸、更加注重精神追求。人文素养体现在一个人对自己、他人和社会的认识、态度和行为准则当中，也包括礼仪知识。现在学校开设的课程特别是人文学科，也包含一定的礼仪知识。

(3)开设礼仪课。有的学校开设礼仪课，对学生进行礼仪养成教育。礼仪课要求学生理解在人际交往和服务接待中礼貌礼节的基本知识、掌握礼仪的基本要求和规范，培养学生良好的礼貌行为以及礼仪基本技能，提高礼仪交际能力，为学生将来走上工作岗位奠定良好的基础。

(4)教师以身示范。在学校，学生会以自己的老师为楷模，从他们身上学习相关的礼仪知识。因此，许多学校都加强了对教师的思想道德教育和行为规范教育。要求教师从自己的一言一行做起，切实提高自己的礼仪修养，认真负责地扮演好学生人生道路上引路人的角色，努力践行规范的文明礼仪，让学生自然地接受教师的影响、教育。

（三）社会教育

社会教育是个人礼仪培养的重要途径、礼仪教育的有力补充。社会教育的途径主要有两种：一是社会风气对个人的影响，二是媒体对个人的影响。

1. 社会风气对个人的影响

社会是个人礼仪培养的外部环境，社会风气的好坏对个人礼仪培养有重要的影响，好的社会风气容易造就好人。因此，要加强社会教育、扶持社会正气，为学生的成长创造良好的环境。

2. 媒体对个人的影响

媒体对礼仪培养发挥着越来越重要的作用。媒体覆盖面广，渗透到生活的方方面面。媒体要弘扬主流文化，把思想性、教育性和娱乐性统一起来，以青少年喜闻乐见的艺术形式吸引和打动他们。

二、师范院校礼仪教育的特殊性 ＞＞＞＞＞＞＞＞＞＞＞＞＞＞＞＞＞＞＞

（一）教育对象特殊

师范院校的学生大部分是女生。女生情感丰富、善于沟通、敢于展现自我、工作认真负责。因此，在实施礼仪教育时，要注意她们自身的特点。

（二）教育内容特殊

师范院校礼仪教育的内容有其特殊性：一是多与女生有关，二是针对未来工作环境。教学内容只有与女生的生活、个人成长、职业成长紧密相连，才能引起她们的兴趣，也才能让教学收到良好的效果。

相关链接

某幼儿园的一位小朋友前一天被妈妈接回家后，第二天便不愿上幼儿园了。父母很是纳闷，原本喜欢上幼儿园的孩子怎么突然不愿上幼儿园了呢？于是问老师，孩子在幼儿园是不是遇到不开心的事了？老师说没有发现什么异常，也没有同其他小朋友发生冲突。最后，在家长的耐心询问下，孩子终于说出了原因："新老师只有一只眼睛，我害怕。"原来班里来了一位实习老师，前面的头发较长，正好梳向一边，恰恰遮住了一只眼睛。

这个故事告诉我们，幼儿教师应该注重自己的仪表。幼儿师范院校的学生只有从现在开始注重自己的仪容，将来才能更好地适应岗位的要求。

可以说，幼儿师范院校礼仪教育具有其特殊性。

思考与练习

一、简答题

(1)我们应如何塑造良好的个人形象？

(2)中国的礼仪文化有几千年的历史，我们如何继承和发扬我国的优秀礼仪文化？

(3)同学交往应遵循怎样的原则？

(4)有人说，老师在上课时经常说"同学们"是不对的，应该称"学生们"，学生之间才能称呼"同学"。你认为这种说法对吗？为什么？

(5)有的同学有午休的习惯，而有的同学却没有。在寝室，当别人午休的时候，有的同学却在弹吉他。其他同学抱怨说："你要弹，就到琴房去。"他却振振有词地说："这是我的寝室，凭什么让我走？"请问，假如你是那个弹吉他的同学，你会怎么做？

(6)礼仪培养主要有哪些途径？

二、分析题

(1)据调查，"留守儿童"年幼时就离开父母，从小缺乏父母直接的教育，缺乏一种稳定而和谐的亲子关系。长期处在这种生活环境中，极易有胆小、迟钝、呆板、不爱与人交往的表现。在学习方面，大多数"留守儿童"自觉性差，缺乏良好的习惯。请结合以上材料，谈谈家庭教育对儿童礼仪养成的作用。

（2）一位刚走上工作岗位的幼儿教师遇到了麻烦。她为了追求美，留了长指甲。由于她不小心，指甲划破了一个孩子的脸。家长为此找幼儿园交涉，幼儿园追究了这位教师的责任，并要求她当面向家长道歉。请根据这个实例，谈谈幼儿教师礼仪教育的特殊性。

学习反思

专题二
个人礼仪

学习目标

通过本专题学习，你应该能够实现以下目标。

1. 了解要想给别人留下良好的第一印象，须先从塑造自己的形象开始。

2. 了解、掌握仪表素养的基本要求与技巧。

3. 了解得体雅致的服饰以及职业场合着装的基本要求，掌握有关服饰色彩、质料的选择和搭配的技巧。

4. 了解和掌握站姿、坐姿、走姿、蹲姿、手势、鞠躬的规范与要求，并且能够在生活中、工作中自觉践行。

5. 掌握目光、微笑的基本礼仪规范，能按礼仪规范运用目光、微笑。

无论你从事什么职业、你的形象意识如何，也无论你是否愿意，都会在别人心中形成一定的形象。

苏霍姆林斯基曾经说过："如果您想在别人身上留下同样美好的印象，您要有您自己的良好形象。"

有人做过这样一个实验：在只有交通信号灯的十字路口，让两组参加实验的人故意违反交通规则。其中一部分人装扮得邋里邋遢，另一部分人则显得风度翩翩。实验结果表明，在前一部分人的影响下，违反交通规则的人数从一般情况下的1％增加到了4％，而在后一部分人的影响下，违反交通规则的人数竟增加到了14％。这个实验告诉我们：一个人的形象对他人是有影响的，不同的形象对他人的影响力也是不同的。良好的第一印象是与他人建立和谐、融洽关系的第一步。

学习任务 1
仪表素养

叔本华说："人的外表是表现内心的图画，相貌表达并揭示了人的整个性格特征。"

礼仪是一个人品德修养的外在体现，不了解你的人往往会通过你的表现、举止来评判你。所以，我们应该把培养自己良好的礼仪举止当作人生的重要一课来学习。

✎ 学习笔记

一、整洁大方的仪表 >>>>>>>>>>>>>>>>>>>>>>>>>>>>>>>>

仪表是指人的外表，包括人的容貌、姿态、服饰和个人卫生等几个方面，是人的精神面貌的外在显示。在人际交往的最初阶段，人们对他人形成的第一印象基本上来自一个人的仪表；科学研究表明，第一印象的形成仅需要 6 秒。大多数人认为，仪表端庄、穿戴整齐者要比不修边幅者更有教养，也更懂得尊敬别人。所以，一个穿着干净整洁、举止得体的人比一个不修边幅的人更能打动人；一个衣着合宜的人留给他人的第一印象比一个衣着不合宜的人要好。

仪表美是一个综合的概念，它有三个层次的含义。

第一，仪表美是指人与生俱来的美。这种先天的美，是仪表美的基本条件，如体格匀称健美、五官端正、身体各部位比例协调、线条优美，等等，也就是所谓"天生丽质"。但一个相貌出众的人如果缺少知识与内涵，只要一说话或做事，就彻底颠覆了所谓"美好"，只能做"雕像"或"花瓶"。而有的人虽然相貌并不出众，但气质风度俱佳，处处受到欢迎和拥戴。因此，不能把先天的美绝对化。

第二，仪表美是指经过后天培养以及修饰打扮所形成的美。相貌完美的人并不多，即使"天生丽质"，也需要用恰当的形式去表现。因此，对每个人来说，仪表美是可以通过后天的努力追求和塑造的，通过健身、化妆、服饰、外形设计等能够使自己的仪表更加完美。适当的容貌修饰不仅可以掩饰先天的不足，还能使人容光焕发、魅力四射。

第三，仪表美是一个人内在美的自然展现，是其内心世界和生活态度的外在体现，是内在美与外在美的和谐统一，是一种综合的美。这是仪表美的最高层次。古人讲"相由心生"，只有慧于中，才能秀于外。如果没有良好的道德、情操、志向等内在美作为基础，那么，一个人无论有多么好的先天条件、多么精心的穿着打扮，都只能有一种肤浅的、短暂的、缺少内涵的美，不可能产生持久的魅力。

（一）相貌

相貌一般指人的面相、皮肤、形体、身材、各个部位线条等诸多生理因素构成的整体。中国传统审美观对人的面部美特别重视，中国古代画论中就有"三庭五眼"的说法，说的是正面观察人的面部时纵向和横向的最佳比例关系。

相貌的美表现在宽度的和谐：面中宽(双颧状突间距)约等于面下宽(双侧下颌角间距)的 1.3 倍。小于或大于这个数值，脸型都不够完美。

相貌的美还表现在拥有完美的身材比例。目前公认的理想体重与身材是：

标准体重(千克)＝[身高(厘米)－70]×0.6

腰臀比＝腰围∶臀围(不超过 0.8)

大腿围＝身高(厘米)×0.31

小腿围＝身高(厘米)×0.2

脚踝围＝身高(厘米)×0.12

（二）面部、头发、个人卫生的基本要求、修饰

1. 面部的基本要求

面部的基本要求是：面部无污物、污色；牙齿上无异物；口内无异味；鼻毛不外露，无鼻涕、鼻屎；眼内无眼屎；男士一般不留胡须。这种整洁、清爽的面容，既是对他人的尊敬，也是对自己的尊敬。

2. 面部的修饰、美化

相貌完美的人并不多，每个人都可以通过恰当的整理、修饰完善自己的面部比例、皮肤状况，体现出良好的个人素养和审美水准。

面部的修饰、美化可以通过化妆来完成。

(1)化妆的原则

适度原则：化妆必须与时间、空间、环境相适宜。比如，工作场合应该化淡妆，力求"自然美"，切勿浓妆艳抹。

协调原则：化妆必须与自身的相貌、形体和所处的场合相协调，给人以舒适、自然的感觉。

个性原则：化妆要符合自己的性格特点、相貌特征，应做到扬长避短，美化、升级自己的形象。

(2)化妆的礼节

化妆避人：在众人面前化妆是非常失礼的，既影响自己的形象，又使自己的美丽大打折扣。

及时补妆：如果妆面损坏或脱落，一定要及时修补。

不非议他人的化妆：每个人的习惯、喜好、肤质、修养、经济实力都不一样，所以对化妆品的选择及审美是有差异的。出于尊重，不应该对他人所化的妆评头论足。

不借用他人的化妆品：借用他人的化妆品既不卫生，也不礼貌。最好自己配备常用、必需的化妆品，方便随时使用。

✎ **相关链接**

化妆的基本方法

化妆是生活中的一门艺术，也是每个人应该掌握的一项基本技术。适度而得体的化妆，可以达到振奋精神、美化自己、尊重他人和提升自身形象的目的。

📝 **学习笔记**

◆正确认识自己

化妆的目的是要突出自己的优点，掩盖、修饰自己的缺点。因此，我们要了解自己的面部特点，在化妆时，按照最理想的面部比例，运用一定的技法进行调整和弥补。

◆化妆的类型

化妆有晨妆、晚妆、工作妆、社交妆、舞会妆、少女妆、主妇妆、结婚妆等多种形式，它们在妆的浓淡程度和化妆品的选择方面都存在差异。

工作妆的主要特征是：简约、清丽、素雅，具有鲜明的立体感，既给人美丽的印象，又不会显得脂粉气十足，做到清淡而传神。

◆化妆的程序

◎清洁面部

化妆首先要清洁面部，这个环节十分重要，不能忽视。用洗面奶（霜）洗脸，用水冲净，去除新陈代谢产生的物质、空气中的污染物等，然后涂一些护肤类化妆品，如乳液、护肤霜、美容蜜等，既可以润泽皮肤，又能起到一定的隔离作用，防止带颜色的化妆品直接进入毛孔。

◎基础粉底

使用粉底的目的是遮盖皮肤的瑕疵，统一皮肤色调。可以根据自己的脸型施以粉底，突出面部的优点，修饰其不足。粉底不要太浅、太白。因为深色可以增强脸型的立体效果，所以最好选用两种颜色的粉底，脸部正面可用接近自己天然肤色的颜色均匀、薄薄地涂抹，脸部侧面可用较深的底色从后向前、由深至浅地均匀涂抹。在面部需要表现的部位，都可以巧妙、自然地使用深底色，使脸部更有立体感。

◎定妆

上完粉底后最好用粉饼或散粉来定妆，这样不仅可以固定底色，还可以使妆面更加柔和。粉的颗粒越细，效果越自然。但粉色不要太白，尽量涂得薄而均匀，否则会给人"挂霜"的感觉。

◎画眼线

画眼线是为了增加睫毛的密度，使眼睛更有神采。画眼线时，使用眼线笔紧贴睫毛由外眼角向内眼角方向描画，上眼线可以画得重些。一般情况下，上眼线画整个眼长的 7/10，下眼线画整个眼长的 3/10。

◎画眼影

画眼影的目的是突出眼部的整体化妆风格，强调眼睛的立体感。选择的眼影颜色要与自己的肤色及服装色相协调，也可以用颊红或阴影色代替。画眼影时，睫毛附近、眼角部位要重些，然后用眼影刷轻轻扫开，与鼻侧影自然相接。

◎眉毛的修饰

修饰眉毛的目的是使双眼更加突出、有神。标准、自然的眉形在眉毛的 2/3 处有转折，上面及两头颜色淡，下面及中间颜色深。应根据眉毛的这些特征进行修饰、描画。将眉笔削成扁平状，沿着眉毛的生长方向描画，这样描出的眉毛真实感强。修饰出的眉形一定要与自己的脸型相配：若脸盘宽大，就不要将眉毛修饰得过细；若五官小巧，就不要将眉毛修饰得太浓密。

◎腮红

使用腮红不仅可以使皮肤显得健康红润，给人留下精神焕发的印象，还可以利用腮红的位置来矫正脸型。腮红的中心应在颧骨部位，用腮红刷从颧骨处向四周扫匀，越来越淡，直到与底色自然相接。圆脸的人，腮红最好画成长条形的，让脸看上去更修长；长脸的人，腮红最好刷得稍宽一些，使脸看上去更加丰满。皮肤较白的人，可选用色彩淡的腮红，如浅桃红、浅玫瑰红；皮肤较黑的人，腮红的颜色可深一些、暗一些。

◎涂口红

涂口红可以加深、突出嘴的轮廓，使其显得生动润泽。涂口红时，一般先用唇线笔勾出理想的唇型，修饰过大、过小、太厚、太薄的嘴唇，然后用口红在轮廓内涂抹。嘴唇的外缘用深色口红、内缘用浅色口红，可以使嘴唇更加丰满、富有立体感。口红的颜色应根据不同肤色、不同场合进行选择。

3. 头发的基本要求、修饰

头发的基本要求：头发整齐、清洁，发型大方。

不论男女，一般前发都不遮眉，不染颜色怪异的头发。男士最好不留长发，做到侧不盖耳、后不到领，不留过厚、过长的鬓角；女士不留形状怪异的发型。

同时，选择发型应该注意：发型要与脸型、体型相协调，也要与职业、身份、年龄、服饰相协调。

例如，圆脸的人最好将头顶的头发梳高，两侧头发适当遮住两颊，尽量避免头发遮挡额头；长脸的人适宜选择用刘海儿遮住额头，尽可能使两侧的头发蓬松一些，以使脸部显得丰满。脖颈粗短的人最好选择高而短的发型，脖颈细长的人最好选择齐颈搭肩、舒展或外翘的发型。瘦高的人适宜留长发，矮胖的人适宜选择有层次的短发。中老年人适合大花形的短发或盘发，给人以温婉可亲的印象；年轻人适合简单的发型，显得自然清新、朴素利落、富有朝气。穿着礼服或制服时，女性可选择盘发或短发，显得端庄、秀丽、文雅；穿着便装时，可选择各种适合自己脸型的发式。学生应该选择适合自己年龄和个性的发型，女生可以选择齐耳短发、自然式束发、运动式短发等，男生可以选择板寸、平头、分头等。男女生都不宜披发。

头发应该常洗，既不要过于频繁，也不要间隔过久，保持头发柔顺、无异味、无头皮屑。

4. 个人卫生

个人的卫生习惯、清洁程度不仅关系到个人的健康，体现个人的修养与素质，也是对他人的一种尊重。个人卫生是仪表美的关键，是个人礼仪的基本要求，也是与人交往必须注意的重要环节。

在个人卫生方面，我们需要注意以下几个细节。

(1)头发：头发要做到"三不"，即不能有味、不能出绺、不能有头皮屑。

(2)牙齿与口腔：每天早晚要刷牙，每日三餐后的三分钟内要漱口。在出入社交场合、工作场合、公共场所前不吃带有强烈气味的食品，如韭菜、大蒜、臭豆腐等。

(3)鼻毛、胡须、腋毛：男士在日常生活中尤其是出席社交场合前要注意修剪鼻毛和胡须，以保持面部的清洁。女士在夏季要注意对腋毛的清理。

(4)指甲：指甲的长短要适宜，指甲上、指甲缝内不能有污物。指甲留得过长、指甲油涂得过于鲜艳、当众剪指甲等，都是不得体的。

(5)体味：要保持体味的清新。每天早晚要洗脸，每周至少洗澡一次；内衣、

✎ 学习笔记

外衣、袜子要勤洗、勤换，保持清洁无异味，尤其是衣领、袖口要保持干净无污渍；皮鞋要打油擦亮，布鞋、运动鞋要刷洗干净。

化妆品的使用要适度，不宜使用气味过浓的化妆品。咳嗽、打喷嚏时，应用手绢、纸巾或手肘、衣袖捂住口鼻，面向一侧，避免发出较大的声音；如果周围有人，道声"对不起"。不随地吐痰，养成良好的卫生习惯。

相关链接

健康的标准

健康对每个人来说都是至关重要的，是一个人获得成功、生活幸福的基础。怎样衡量一个人是否健康？世界卫生组织对人类健康定出了10条标准：

(1)有充沛的精力，能从容不迫地担负繁重的工作，而且不感到紧张和疲劳。

(2)处世乐观，态度积极，乐于承担责任。

(3)善于休息，睡眠好。

(4)应变能力强，能适应外界环境的各种变化。

(5)能够抵抗一般性感冒和传染病。

(6)体重适当，身材匀称，站立时头、肩、臂位置协调。

(7)眼睛明亮，反应敏捷，眼睑不易发炎。

(8)牙齿清洁，无龋齿，不疼痛，牙龈颜色正常，无出血现象。

(9)头发有光泽，无头皮屑。

(10)肌肉结实，皮肤有弹性。

二、得体雅致的服饰 ＞＞＞＞＞＞＞＞＞＞＞＞＞＞＞＞＞＞＞＞＞＞＞＞＞＞

丘吉尔说："服装是最好的名片。"莎士比亚说："服饰往往可以表现人格。"郭沫若也说："从人们对服装的选择，可以窥测到他的文化水平和道德修养的底蕴。"孔子则说："见人不可以不饰，不饰无貌，无貌不敬，不敬无礼，无礼不立。"

一个人的着装不仅能遮蔽身体、御寒保暖，也是身份的象征与文化素养的体现，彰显一个人的形象和价值，是我们进行自我激励和自我肯定的一种方式，也是一种无声的语言，直接影响他人对我们的主观印象。

相关链接

一次，元世祖忽必烈召见官员，其中有一位学士叫胡石塘。此人生性粗心、不拘小节，歪戴着帽子就去面见忽必烈了。忽必烈看见他，问道："你有什么本事啊？说来我听听。"胡学士回答说："我有治国平天下的学识。"忽必烈听了哈哈大笑，说道："你连自己头上的帽子都戴不平，还能平天下吗？"

胡学士因为不拘小节、歪戴帽子而不被信任的故事，足以说明服饰礼仪的重要性。

（一）着装的基本原则

1. 符合身份

着装应该与个人的性别、年龄、职业相协调。

对女性而言，20 岁左右的穿着应该清纯靓丽，不必选择太过豪华的衣物，尽可能给人一种清丽、朴实的感觉；30 岁左右的穿着应该显得成熟，服装款式、颜色应该选择庄重的系列，从而给人以坚定、诚实、可信的印象；40 岁左右的穿着应该体现自信与沉着；50 岁以上的穿着可以稍微随意一些，最好选择休闲装，让人感觉和蔼可亲。

2. 区分场合

一般情况下，人们所涉及的场合有三种：公务场合、社交场合、休闲场合。

公务场合：指办公室、写字间、会议室以及外出执行公务等场合。其着装的基本要求为庄重保守，宜穿套装、套裙、制服。除此之外，还可以考虑选择长裤、长裙和长袖衬衫。

社交场合：指和同事、朋友进行交往应酬的场合。其着装的基本要求为时尚个性，宜穿礼服、时装、民族服装。一般不宜选择过分庄重保守的服装。

休闲场合：指工作之余自处或者与其他人共处的场合。其着装的基本要求为舒适自然，适合选择的服装有运动装、牛仔装以及各种便装，比如 T 恤、短裤，等等。

无论什么场合，只要穿西装，就必须符合西装的要求。衬衣的领扣、袖扣要系紧，不能卷袖口，更不能穿短袖衬衣。外衣扣可以系上面一枚或都不系。

外出前，要仔细检查上衣、裤子的纽扣、拉链，鞋带和领结(带)。

3. 遵守常规

一般来讲，全身服装、饰物的色彩最好不超过三种，鞋子、腰带、公文包最好属于同一个色系。色彩太多，会显得杂乱。

男士穿西装最好打领带，且领带夹以佩戴在衬衣的第四粒纽扣(从上向下数)处为宜。

另外，着装应该与季节协调、与大多数人的认知一致。

夏季应以轻柔、凉爽、简洁的着装为主，忌服饰款式拖沓烦琐、色彩浓重。尤其是女性，着层叠皱褶过多的服饰会使人有一种燥热的感觉。

冬季应以保暖、轻便为着装的原则。一方面，要避免着装过多而显得臃肿不堪、形体欠佳；另一方面，也要避免为了形体美观而着装太薄，无法保暖而影响日常工作、生活。

春秋两季着装的自由度相对大一些，总体上以轻巧灵便、薄厚适宜为原则。

4. 扬长避短

选择服装要考虑自己的体型、肤色、身高，应该尽可能选择突出优点、掩饰与遮盖缺点的服装。合适的着装能与形体、容貌形成和谐的整体美。

5. 整洁

在任何情况下，服饰都应该是干净整齐的，衣领和袖口处要特别注意。尤其是夏季，衣服上容易留下汗渍，应该及时洗换。服装应平整、扣子齐全，不能有开线的地方，更不能有破洞。内衣应该勤洗勤换。西装衬衣应保持洁净，最好一天一换。

相关链接

不同体型的女性如何选择服装

◆标准型

颈部、肩膀、躯干、胸部、腰部、臀部、大腿、臀边肉和小腿等，都有完美的比例。这种标准体型，穿什么衣服都好看，但十人中恐怕仅一人拥有。绝大多数的女性都属于下列五种体型，她们可以通过一定的着装技巧、适宜的设计来修饰自身的不足。

◆葫芦型

身材就像葫芦一样，胸部、臀部丰满，腰部纤细，曲线玲珑，十分性感。这种身材的女性适宜穿着低领、紧腰身的窄裙或喇叭裙，质料以柔软贴身为佳，如果穿宽大蓬松的服装，会减损许多魅力。但是如果视此身材为缺点的话，则应穿着直筒式洋装或长衬衫，以遮掩腰部过细的曲线。

◆运动员型

身材苗条，胸部中等或较小，臀部瘦削扁平，腹部及大腿边没有赘肉。这种身材的女性应该是比较容易穿衣的，但要避免着紧身衣裤或低腰长裤。适合穿着舒适飘逸的罩衫、打褶的裙子、宽松的洋装、宽松打褶的长裤等。

◆梨子型

肩部、胸部瘦小，腹部、臀部肥大，形状就像一个梨子。由于腹部肥大，往往造成腰线提高、上身较短，选择宽松的洋装比较适宜。此外，上衣要宽松，长度以遮住臀部为宜，打褶的长裤配上宽大的夹克也能美化这种体型。最好避免系宽皮带及穿紧身衣裤、褶裙或抽细褶的裙子。

◆腿袋型

臀部和大腿边有许多赘肉，这种身材的女性要避免穿紧身裤。适宜穿样式简单、色彩较暗的打褶裙子或长裤，佩戴色彩鲜艳的丝巾、珠宝或装饰物，尽量把别人的目光吸引到上身。不适合穿及膝的靴子，紧身衬衫，大花格子、粗横条纹或背后有口袋的长裤。

◆娇小型

身高在155厘米以下。由于受到身高的限制，可选择服装的范围相比高大、健壮的体型要小得多。设计简洁的上装、垂直线条的褶裙、直筒长裤、全身同色系或素色的衣服、合身的夹克都会使这种身材的女性显得自然。避免穿着印花布料、厚布料和色彩丰富、松松垮垮的衣服，以及大荷叶边裙、紧身裤等。

（二）服装色彩的选择与搭配

1. 服装色彩的选择

选择服装的色彩，要考虑体型和肤色。

一般来讲，较胖的人适宜穿深色调的衣服，这样会让人觉得苗条；较瘦的人适宜穿浅色调的衣服，这样会让人觉得丰满。大花的面料有扩张的效果，会使瘦人看上去丰满些，胖人应该避免穿着；小花的面料使人显得苗条。花色面料能够修饰体型缺陷，可以根据自己的状况加以选择。比如，腿形不美者可穿花裙，上着素色衣；上身单薄者可穿花衣素裙。肤色白皙的人可以选择各种颜色的服装；肤色暗黄的人不宜选择与肤色接近的色彩，宜选偏暖色调的服装，增加皮肤的红润感；肤色较黑的人宜选柔和的中性色调，增加明朗、健康感；肤色发红的人不宜选择红色的服饰。总之，服装色彩的选择应强调、修饰体型，映衬、改善肤色。

2. 服装色彩的搭配

服装配色方法主要有以下几种。

(1)统一法。统一法是指上下衣、帽、鞋采用一个色调，如全身白色调、全身黑色调等，这样的配色法可以产生和谐统一的效果。

统一法配色又可分为同类色搭配与近似色搭配。

同类色搭配：指两种深浅、明暗不同的同一类颜色相配，造成一种和谐统一的效果，如青色配蓝色、墨绿色配浅绿色、咖啡色配米色、深红色配浅红色等。同类色搭配的服装显得柔和、文雅。

近似色搭配：指色环中两个比较接近的颜色相配，如红色与橙红色或紫红色相配、黄色与草绿色或橙黄色相配等。

(2)对比法。对比法是指色环中两个相隔较远或相对的颜色相互搭配，如黄色配紫色、红色配青绿色、青色配橙色、黑色配白色等。这种配色视觉效果比较强烈，能形成鲜明的对比。

对比法有时会收到较好的效果，黑白搭配是永远的经典，红色和黑色的搭配非常隆重却不失韵味。

也可以把上衣的领子和袖子、上衣的某一部位和整体、裙子或裤子的不同部位用对比色相配，形成强烈的反差，给人以鲜艳、活泼、明快的感觉。这种搭配方法较适合儿童及运动员的着装。

(3)点缀法。点缀法是指在统一色调的服装上点缀不同色或对比色的袖边、领子、口袋或装饰等，这种配色法显得文雅、庄重，适宜职业女性穿着。例如，有的女性全身穿着深色服装，显得苗条、庄重，但比较暗淡。这时可以使用点缀法，系上一条鲜艳的丝巾，立刻使人眼前一亮，又不失沉稳。

(4)呼应法。呼应法是指上下衣、衣服与帽子、鞋与提包等的色彩一致，相互呼应，不仅显得和谐，而且看起来活泼。如穿黑色裙子可以配黑白条或黑白花上衣，戴红帽子可以配红挎包或带红花的上衣。

(5)陪衬法。陪衬法是指上衣和袖边、裙子和下摆及裙带、上衣和衣领等用黑、白、红、黄等色相陪衬，显示出生动、活泼的色彩美。我国的民族服装常常使用滚边和镶袖口、裤口等方法装饰，用的就是陪衬法。

3. 常用的上下装色彩搭配方法

(1)上浅下深。上装用明亮色调，下装用深色调。如米色上装配咖啡色长裤，整体搭配显得轻快，适合多数人穿着。注意皮带与长裤的颜色要接近，最好同色，可以使下身显得修长。

(2)上深下浅。上装用深色调，下装用明亮色调。如墨绿色上装配浅橙色长裤，充满朝气且不落俗套。

（3）一花一素。上装有花色或两种颜色的格子纹、下装净色，或下装有花色，上装纯素色，这样的搭配可以使服饰更丰富多样。素色衣、裤、裙的颜色最好是花色衣服中的一个颜色，这样搭配最保险、最协调。

相关链接

不同的颜色代表着不同的意思，看看你的服装色彩与你的气质是否搭配。

红：活跃、热情、勇敢、爱情、健康、奔放

橙：富饶、充实、未来、友爱、豪爽、积极

黄：智慧、光荣、忠诚、希望、喜悦、光明

绿：公平、自然、和平、幸福、理智、活力

蓝：自信、永恒、真理、真实、沉默、冷静

紫：权威、尊敬、高贵、优雅、信仰、孤独

黑：神秘、寂寞、黑暗、压力、严肃、气势

白：神圣、纯洁、无私、朴素、平安、诚实

（三）饰物礼仪

饰物是一个人文化素养与审美品位的体现。佩戴饰物应该注意以下礼仪要求。

1. 饰物不宜多

全身佩戴的饰物最多不超过三种，否则不仅显得过度张扬、没有重点，还会使人眼花缭乱。

2. 品类与色泽最好相同

佩戴的各种饰物的品类与色泽最好全部相同或部分相同，这样会比较协调，更容易与服装搭配。

3. 与身份、场合、服装相宜

有些饰物会妨碍工作，所以佩戴饰物时要考虑场合、身份。未婚者不宜佩戴珠宝类首饰；职业人士不宜佩戴过多的首饰，尤其是教师，佩戴的首饰不宜过度张扬，否则会分散学生的注意力。佩戴的饰物的款式、色彩要与服装的面料、款式相协调。

4. 与习俗相符

许多国家、民族都有自己的一些习惯、风俗，违背了这些习惯、风俗，不仅会闹出笑话，还会给人留下没有文化、不懂礼仪的印象。例如，戒指戴在左手的无名指上表示已婚、戴在食指上表示无偶求爱、戴在中指上表示在恋爱、戴在小拇指上表示独身，白色金、银饰物一般在夏天佩戴，本命年一般佩戴红手绳、红腰带，等等。

5. 扬己之长，避（补）己之短

佩戴、选择首饰要考虑扬己之长，避（补）己之短。例如，锁骨、脖颈好看的人适宜佩戴各种项链，以彰显自己的美丽；腰粗或身材比例不佳的人不宜佩戴各种腰饰，以免使自己的缺陷更加突出。

学习笔记

相关链接

项链与服装的搭配方法

宽松、休闲服装适宜搭配粗犷、松散的项链，繁复、华贵的服装适宜搭配简单、精致的项链，牛仔装适宜搭配硬朗、帅气的项链，职业装适宜搭配简单、大方的项链。

项链与服装的颜色最好不是互补色，但要有一定色差，以保证项链既不显得突兀，又不会被服装遮住光彩。

轻柔无光的面料宜配光泽强烈的项链，光泽感强的面料宜配弱光泽的项链，质地轻盈的面料宜配水晶、翡翠等具有清冷质感的项链，厚重的面料宜配羽毛、毛球、金饰等项链，质感粗犷的面料宜配纹理大气、稀疏的项链，质感细腻的面料宜配纹理精细、紧密的项链。

（四）职业场合的着装禁忌

每个人的形象不仅反映其个人的修养、学识、审美水平，而且代表着其所在单位的形象、体现着其所在单位的文化氛围与规范化程度。因此，职业场合的着装不能只考虑个人的喜好、习惯，必须与所在单位的形象、要求一致，与所从事的具体工作相称，做到男女有别、职级有别、身份有别、职业有别、岗位有别。具体应该注意以下几点。

1. 忌过分杂乱

在重要场合，穿套装、套裙时必须穿制式皮鞋(男士穿系带的黑色皮鞋，女士穿高跟、半高跟的黑色船形皮鞋)。男士穿着西装，却穿布鞋，别人看着就不舒服；女士穿着套裙，却光脚穿露脚趾的凉鞋，也非常不合适。露脚趾和脚后跟的凉鞋、"三节腿"(即在裙子和袜子之间露半截腿)都不宜在职业场合出现。

2. 忌过分鲜艳

无论身着制服还是套装，都要遵守"三色原则"，且不能过分鲜艳。重要场合的套装、制服的面料一般是纯色无图案或只有简单的几何图案，过分花哨会给人不够稳重的感觉。

3. 忌过分暴露

在职业场合或重要场合，身体的六个部位不宜暴露：胸部、肩部、腰部、背部、脚趾、脚跟。吊带装、露脐装等都不适合在职业场合穿着。

4. 忌过分透明

不能让人透过外衣看到内衣，否则是非常不礼貌的。

5. 忌过于短小

在正式场合不可以穿短裤、超短裙，在重要场合不可以穿露脐装、短袖衬衫等，否则会给人不正式、不庄重的感觉。

6. 忌过于紧身

不管对自己的身材多么自信，着装都不能太紧身。适度宽松的服装更有利于完成工作、提高效率。

7. 忌过分奇异

职场装扮应该适合办公环境，过分奇异的服装不适合办公环境，优雅得体才是第一位的。

学习笔记

8. 忌肮脏或破损

穿着肮脏或破损的衣物会显得没有品位，易被人轻视，在职业场合一定要避免。

学习任务 2
仪态举止

🖊 学习笔记

美国行为学者艾伯特·梅拉比安经多年研究后认为：一个信息的传递＝7％语言＋38％语音＋55％仪态。由此我们可以看出，仪态在一个人与外界的交往、交流中占有重要的分量。

仪态就是人的肢体动作，包括表情、手势、坐姿、站姿、走姿等。仪态不仅能反映一个人的想法，还能迅速、生动、简练地传递出各种信息，是一个人风度、气质的体现。达·芬奇说："从体态知觉人的内心世界，把握人的本来面目，往往具有相当的准确性和可靠性。"在工作、人际交往中，仪态的影响力甚至要超过语言。所以，每个人都需要把握好这种"语言"，努力使自己的仪态体现出热情、友好、轻松、自然和自信。

一、表情 >>

表情是指眼睛、眉毛、嘴巴、面部肌肉以及它们的综合运用反映出的心理活动和情感信息。在非语言符号中，表情的"词汇"非常丰富，它能生动、充分地展现出人的各种情感：高兴、愉快、喜悦、兴奋、激动、悲伤、忧郁、惶恐、失望、气恼、愤怒、自负、自卑、依恋、爱慕等。同时，表情也可以把人们的悲喜交加、爱憎交织、喜忧参半的复杂心态表现得淋漓尽致。

（一）眼神

眼睛不仅是人类的视觉器官，也可以十分有效地传递信息、表情达意。许多社会学家和心理学家的研究表明：人的眼睛与舌头"所说的话"一样多，不需要字典，就能够从眼睛的语言中了解整个世界。

🖌 **相关链接**

有一位学生家长给幼儿园的园长写信，反映这样一件事："有一次，我向孩子班上的保育员了解孩子在幼儿园吃饭、午睡的情况，保育员一边发手机短信一边回答我，眼睛却不看我。我对此感到很气愤，觉得自己受到了侮辱。我心里暗想：在她看来，她的手机短信比我对她讲的话更重要，简直不把我放在眼里。"

从这个故事能够看出，目光也可以体现出一个人的修养、素质，表现出对他人的重视、尊敬。

在与他人的交往活动中，眼神运用要符合一定的礼仪规范，运用不当往往被人视为无礼，给人留下不好的印象。

1. 时间

一般和对方目光接触的时间占和对方相处的总时间的 1/3～2/3 比较好，每次看别人的眼睛 3 秒左右，应该把目光柔和、自然地"罩"在别人的脸上，而不是单单注视对方的眼睛，否则会给人一种死盯不放、瞪他或是不友善的感觉；也不要反复打量对方，更不要长久地注视陌生的异性。

双方交谈时，听的一方通常应该多注视说的一方。要经常保持双方目光的接触，长时间回避对方的目光或是左顾右盼，是"心里有鬼"或不感兴趣的表现。但如果一直用"直勾勾"的目光盯着对方，也是非常失礼的。要随着谈话内容的变换及时、恰当地调整目光，使整个交谈融洽、和谐。

当双方都沉默不语的时候，最好把目光移开，避免双方因为一时没有话题而感到尴尬或不安；当别人说错话或拘谨的时候，不要正视对方，免得被对方误认为是对自己的讽刺和嘲笑。

2. 注视部位

目光的表现力很丰富。根据交往中的活动内容、关系亲疏，目光注视区域有所不同。

公务注视区：公务注视区是以两眼为底线、额中为顶角所形成的三角形区域。这是在进行业务洽谈、贸易谈判或者磋商问题等公务活动时所使用的一种注视。看着对方的这个部位，不仅会给人严肃认真、诚实可信的感觉，而且有助于把握谈话的主动权和控制权。

社交注视区：社交注视区是以两眼为上线、唇部为下顶点所形成的倒三角形区域。谈话时注视对方的这个部位，可以给人平等、轻松的感觉，从而创造出一种良好的社交气氛。在茶话会、舞会和各种聚会等社交场合，适合采用这种注视。

亲密注视区：亲密注视区是以两眼为上线、胸部为下顶点所形成的倒三角形区域。一般在亲人之间、恋人之间使用。

3. 使用目光的注意事项

和别人相处的时候，要注意以下的注视禁区：对方头顶、胸部、腹部、臀部、大腿、脚部和手部(有时候须根据具体情况判断，比如递接东西时就要注视对方的手部)。如果对方是异性，尤其要避免注视这些区域，否则会引起对方的反感。对异性反复打量也会使对方感觉不舒服，不要采用这种"扫视"别人的方式。

和多人同时打交道的时候，要用"环视"的目光表示对每个人的重视，表现出一视同仁。注视角度要保持相对稳定，忌漠视、斜视，不要看人之后笑或眯眼看人。

如果想要结束谈话，可以有意识地将目光稍微转向他处。当对方说了幼稚或错误的话时，不要马上转移自己的视线，应该继续用柔和、理解的目光注视对方，否则会被别人理解为你在嘲笑他。当双方缄默不语时，不要再看着对方，以免尴尬。谈得投入时，不要东张西望，否则别人会认为你已听得厌烦了。

当被介绍与他人认识时，要看着对方的脸部，但不能上下打量对方。有求于

✎ 学习笔记

对方或者等待对方回答时，略朝下看，以示谦恭和恳请。

进入上级的办公室，目光不要落在桌面的文件上。走进陌生人的居室，不要东张西望。和长辈说话时，最好走近，用尊敬的目光直视对方。

在上台讲话时，要先环顾四周，以示对到会人的尊重。在社交场合，最忌讳和别人眉来眼去以及使用满不在乎的眼神，这是没有礼貌的表现。

另外，在人际交往中，瞪大双眼表示愤怒、惊讶，睁圆双眼表示疑惑、不满。正常情况下，眼皮一般每分钟眨动 5～8 次，眨动过快表示思维活跃或在思索，眨动过慢表示轻蔑、厌恶等。有时，眨眼也可以表示调皮或不解。如果对方眼球反复转动，往往表示在动心思。如果"挤眉弄眼"，就是在向人暗示。所以，不但要把握好自己的眼神，也要学会观察别人的眼神。

4. 目光训练方法

以下两种方法坚持天天训练，会使目光明亮、有神。

(1)点上一支蜡烛，视点集中在火苗上并随其摆动。可使目光集中、有神，眼球转动灵活。

(2)目光追逐飞翔的鸟。可使目光炯炯有神。

（二）眉毛

眉毛同样能传递信息，虽然其准确性和丰富性不及眼睛，但也能表露人的真情实感。眉毛的不同状态代表了不同的信息与情感，例如：双眉平展表示身心欢悦而平和，眉梢微挑表示询问或怀疑，眉头紧皱表示不满、为难、厌烦或思索，眉梢耷拉表示无奈、遗憾、毫无兴趣或百无聊赖，双眉向上斜立表示气恼、愤怒或仇恨。

为了体现良好的形象和修养，平常交往中，双眉要经常保持在自然平直的状态，不要随便皱眉、挑眉梢。

（三）嘴巴

嘴巴表情达意的能力仅次于眼睛，不同的嘴部动作表示不同含意，例如：微露牙齿的双唇表示对对方的友善，紧闭的双唇表示严肃认真思考和对待或者对某人某物感兴趣，稍稍噘起的双唇表示轻微地不高兴，努嘴表示怂恿或揶揄、嘲讽，撇嘴表示轻蔑或讨厌，咂嘴表示赞叹或惋惜。

在人际交往活动中，谈话时上下唇应自然开合，尽量少努嘴和撇嘴。站立、静坐或握手时，嘴巴可以微闭，不要露出牙齿，保持微笑状。

（四）微笑

笑是人类最美的表情，它是眼睛、眉毛、嘴巴和面部肌肉等的动作组合。微笑是最常见的、用途最广的、效益最大的一种笑。

相关链接

微笑的魅力

飞机起飞前，一位乘客请空姐给他倒一杯水吃药，空姐很有礼貌地说："先生，为了您的安全，请稍等片刻，等飞机进入平衡飞行后，我会立刻把水给您送过来，好吗？"

学习笔记

15 分钟后，飞机早已进入平衡飞行状态。突然，乘客服务铃急促地响了起来，空姐猛然意识到：糟了，由于太忙，她忘记给那位乘客倒水了。空姐迅速来到客舱，看见按响服务铃的果然是刚才那位乘客，她小心翼翼地把水送到那位乘客面前，微笑着说："先生，实在对不起，由于我的疏忽，延误了您吃药的时间，我感到非常抱歉。"这位乘客抬起左手，指着手表说道："怎么回事？有你这样服务的吗？你看看，都过了多久了？"空姐手里端着水，心里很委屈。但是，无论她怎么解释，这位乘客都不肯原谅她的疏忽。

接下来的飞行途中，为了弥补自己的过失，每次去客舱为乘客服务时，空姐都会特意走到那位乘客面前，面带微笑地询问他是否需要水或者别的什么帮助。然而，那位乘客余怒未消，摆出不合作的样子，并不理会空姐。

临到目的地前，那位乘客要求空姐把留言本给他送过去，很显然，他要投诉空姐。此时，空姐虽然心里很委屈，但是仍然不失职业道德，显得非常有礼貌，而且面带微笑地说道："先生，请允许我再次向您表示真诚的歉意，无论您提出什么意见，我都会欣然接受！"那位乘客脸色微沉，准备说什么，可是没有开口。他接过留言本，开始在上面写了起来。空姐心想，这下彻底完了。

待飞机安全降落、乘客离开后，空姐打开留言本，却惊奇地发现那位乘客在上面写下的并不是投诉，而是一封热情洋溢的表扬信。

是什么使得这位挑剔的乘客最终放弃了投诉呢？在信中，空姐读到这样一句话："在整个过程中，你表现出的真诚的歉意特别是你的 12 次微笑深深地打动了我，使我最终决定将投诉信改写成表扬信！你的服务质量很好，下次如果有机会，我还会乘坐你们的航班。"

空姐用自己真诚的微笑化解了乘客的怨气、赢得了乘客的赞扬。

1. 微笑的内涵

(1)微笑是自信的表现。一个尊重自己、有理想、有抱负的人不会愁眉苦脸，会相信自己的能力，充分认识和肯定自身的存在价值，用笑脸面对一切、拥抱希望。

(2)微笑是个人礼仪修养的充分展现。一个有知识、重礼仪、懂礼貌的人即使碰到陌生人，也会把微笑当作见面礼，慷慨地奉献给他人。

(3)微笑是和睦相处的反映。微笑就像"磁力""电波"，能使人心灵相通、彼此友好、互相亲近。用微笑表示问候、欢迎、尊重、告别、道歉，体现着人与人之间的友好、和谐、默契。

(4)微笑是心理健康的标志。一个心理健康的人一定会将美好的情操、愉快的心境、友好的态度、善良的心恰当地表现出来，变成微笑。

2. 微笑的价值

微笑是一种无声的语言，是人们美好心灵与心境的外露，是善良、友好的暗示，是赞美、欣赏的象征，是一种令人愉悦的表情，是人际交往的"润滑剂"，更是一种力量。恰到好处的微笑，再配上优雅的举止，往往比语言更有魅力，可以收到"此时无声胜有声"的效果。

美国心理学家詹姆士·麦克奈尔教授的研究表明：会微笑的人在管理、教导、推销上更易成功，有助于培养快乐的下一代。

可以用微笑来应对许多场合与情境，使人们和睦相处；可以用微笑表示欣赏

学习笔记

与理解，使人感到温暖、轻松、愉悦；也可以用微笑拒绝一些无聊的、不近人情的或难以回答的问题，摆脱尴尬的局面。

真诚的微笑可以表现出对他人的尊重、理解、同情，使自己成为一个善解人意、处处受欢迎的人；礼貌的微笑像春风化雨，滋润人的心田，一个知礼懂礼的人会将微笑当作礼物，慷慨地赠予他人；自信的微笑充满着朝气和感染力，能给自己和周围的人带来勇气和力量，在遇到困难或危险时以微笑面对，帮助攻克难关，迎来"柳暗花明又一村"。

3. 微笑的基本要求与练习方法

(1)基本要求。微笑的基本要求是：不出声，肌肉放松，嘴角向上略微提起，面含笑意。

微笑要发自内心、发自肺腑，无任何做作之态。要避免虚伪的笑。只有笑得真诚，才能显得亲切自然，使与你交往的人感到你的友善。

(2)练习方法。为了使双颊肌肉向上抬，可以将口型调整为发普通话的"七"字的音时的状态，同时要注意训练眼睛的"笑容"。取厚纸一张，遮住眼睛下边部位，对着镜子回忆开心的事情，使笑肌抬升收缩，做出微笑的口型。随后放松面部肌肉，眼睛随之恢复原状。

二、站姿 >>>

正确、健美的站姿如松树一般，给人以挺拔笔直、舒展俊美、自然放松、精力充沛、积极进取、充满自信的感觉。

相关链接

奥运礼仪小姐咬筷子练微笑　顶书练站姿

头上顶书、双膝夹纸、笑露6齿，这些都是2008年北京奥运会颁奖礼仪志愿者即奥运礼仪小姐的训练项目。在北京奥运会颁奖礼仪志愿者培训情况发布会上，30余名候选人展示了礼仪训练内容。

微笑时牙齿露出6～8颗，脸部表情不能僵硬，这就是"奥运微笑"的标准。10分钟下来，有的候选人笑得脸上渗出汗来。曾参加测试赛颁奖礼仪服务的郝婧钰说："开始掌握不好这个微笑的度，每人就咬着一根筷子练习，一节课下来嘴都麻了，但过几天一开口就基本达标了。"

为练好站姿，穿着5厘米高的高跟鞋的候选人将一本书放在头顶，双膝夹住一张白纸。郝婧钰说，这个姿势并不简单，往往一站就是一个小时，书和纸都不能掉下来。等到休息时，两条腿连弯曲都特别疼。

北京奥运会颁奖礼仪志愿者主要来自北京各高校，她们身高168～178厘米，年龄18～25岁，身材标准、匀称，气质、体态、皮肤、综合素质都要符合奥运会颁奖礼仪的严格要求。

奥运礼仪小姐代表了中国的形象，对候选人进行站姿训练，是为了让她们在全世界人民的面前展示出中国人的自信、挺拔、雅致，站出文明古国和礼仪之邦的风韵来。

（一）规范的站姿

规范的站姿的基本要求是挺、直、高，具体要求如下。

头正：收颔梗颈，头顶上悬，双目平视前方，嘴微闭，表情自然，面带微笑。

肩平：两肩平正，微微放松，稍向后下沉。呼吸自然，气往下沉。

臂垂：两手臂放松，可以自然下垂于体侧，虎口向前，手指自然弯曲，中指对准裤缝；也可以两手在体前交叉(一般右手放在左手上)，贴于自己的下腹部。

躯挺：胸部略向前上方挺起，腹肌、臀大肌微收缩并向上挺，臀、腹部前后相夹，髋部两侧略向中间用力。脊椎、后背挺直，腰部一定要立起来；整个躯干要做到上提下压，前后相夹，左右向中。

腿并：两脚跟相靠，两腿立直贴紧，膝关节与胯关节伸直，髋部上提，双脚呈"V"字形或"丁"字形，脚尖开度为 $45°\sim60°$，受力点主要落于脚掌、脚弓上，身体重心在两脚中间。

正面看：重心线在两腿中间向上穿过脊柱及头部；侧面看：后脑勺、背部、臀部、小腿肚、脚后跟在一个面上。

这种规范的礼仪站姿同军人的立正是有区别的，与立正相比，多了一份自然、亲切和柔美。

标准站姿要注意三个关键：一是髋部向上提，脚趾抓地；二是腹肌、臀肌保持一定的肌紧张，前后形成夹力；三是头顶上悬，肩向下沉。这几个部位的肌肉相互牵制，才能保持标准的站姿。

（二）男士的基本站姿

身体直立，挺胸抬头，下颌微收，双目平视，两膝并严，脚跟靠紧，脚掌分开呈"V"字形，挺髋立腰，吸腹收臀，双手置于身体两侧自然下垂。或者两腿分开，两脚平行，距离不超过肩宽，双手在体前交叉，右手搭在左手上。

（三）女士的基本站姿

双脚呈"V"字形，膝和脚后跟尽量靠拢；或者一只脚略前，一只脚略后，前脚的脚后跟稍稍向后脚的脚背靠拢，后腿的膝盖向前腿靠拢，呈"丁"字形，双手在体前自然相搭。这两种站姿都是规范的，但要避免僵硬，肌肉不能太紧张。可以适时变换姿态，展示一种动感的美。

（四）站姿禁忌

不规范的站姿会给人轻浮、不懂规矩、没有教养的感觉。站立时，不要弓腰驼背、挺肚、后仰、撅臀、歪脖、斜腰、屈腿，腿脚不要晃动，不要将身体倚在门或其他物体上，站立要稳；两手不要插在衣服的口袋里或叉在腰间，也不要抱于胸前或交于背后；双脚不能分得太开；两眼不要左顾右盼。

（五）训练方法

贴墙站：一个人靠墙站立，要求脚后跟、小腿、臀部、双肩、后脑勺都紧贴墙面。每天一次，每次坚持 20 分钟。

背靠背：两人背部相靠，将后脑勺、背部、臀部、小腿肚、脚后跟贴紧。每天一次，每次坚持 20 分钟。

头顶书：按照站姿要求站立，头顶放置一本书，使其保持稳定不下落。膝盖间夹一张纸，不能让纸掉下来，促使人保持身体平稳、挺拔，把颈部、上身挺直。下巴内收，保证重心线在两腿中间向上穿过脊柱、头部。每天一次，每次坚持 20 分钟。

三、坐姿 >>>>>>>>>>>>>>>>>>>>>>>>>>>>>>>>>>>>

坐是一种相对静止的仪态，在日常工作和生活中离不开坐姿。坐姿要符合端庄、文雅、得体、大方的要求。优雅的坐姿传递着自信、友好的信息，也显示出高雅、庄重的良好风范。对男性而言，有"坐如钟"的比喻；对女性而言，端庄优美的坐姿会给人文雅、稳重、大方的美感。

相关链接

一位大学毕业生到一个单位参加应聘面试。为了表示自己不拘谨、很放松、见过世面、"落落大方"，他一进门，未经考官招呼，就一屁股坐在了沙发上，一边作自我介绍，一边像老朋友见面似的与考官开着玩笑，说着说着还跷起了二郎腿、抖动着悬起的那只脚。尽管他的专业、外语水平都不错，但面试的结果却是不合格。他对此感到迷惑不解，经打听，才知道人家觉得他的举止轻浮，认为他是个不踏实、不可靠的人。后来，他吸取教训，注意改善自己的仪态。在另一个单位参加应聘面试时，考官一致认为他的专业、外语水平较高，且言谈举止礼貌、得体，当场就将他录用了。

同一个人的两次面试结果截然不同，充分体现了仪态、举止的重要性，也说明了一个人的仪态是可以通过训练来改变的。

（一）规范的坐姿

规范的坐姿的基本要求是庄重、大方、沉稳，具体要求如下。

上身：腰背挺直，胸部挺起，两肩放松，背部与臀部成直角。

头部：头要正，收颌梗颈，面部表情自然，面带微笑。

下身：大腿与双膝并拢，两脚可以斜放、前后放、交叉放。一般不坐满整个座位，而只坐座位的 2/3～3/4。

双手：双手自然放在双膝上或椅子的扶手上。

（二）入座的方式

轻缓地走到座位前，转身后(背朝座位)两脚略分开，一前一后，向后的腿试着碰到椅子、确认座位，两膝并拢的同时上身前倾，轻轻向下落座。如果女士穿的是裙装，在落座时应该用双手在背后从上往下把裙子拢一下，以防坐出皱褶或因裙子打褶被坐住而使腿部裸露过多，不要等坐下后再重新站起来整理衣裙。女士坐下来以后，膝盖一定要并拢。

（三）女士的六种坐姿

1. 标准式

入座后，上身挺直，双肩平正，两臂自然弯曲，两手交叉叠放在两腿中部，并靠近小腹，两膝并拢，小腿垂直于地面，两脚自然并拢或者保持小"丁"字步或"V"字步。

2. 双脚斜放式

在标准式坐姿的基础上，两小腿向左方或右方略伸，两脚并拢，脚尖不要跷。

3. 双腿交叉式

在标准式坐姿的基础上，右脚后缩，与左脚交叉，两踝关节重叠，双膝并拢，

学习笔记

两脚尖着地。

4. 前伸后屈式

在标准式坐姿的基础上，右脚前伸，左小腿屈回，大腿及双膝靠紧，两脚在一条直线上。

5. 双脚内收式

在标准式坐姿的基础上，两小腿后屈，脚尖着地，双膝并拢。

6. 双腿叠放式

双腿叠放式也叫"标准式架腿"。在标准式坐姿的基础上，一腿向侧，与地面成45°。一条腿提起，腿窝落在另一条腿的膝关节上边。要注意上边的腿向里收，贴住另一条腿。从正面看，两条腿是平行的；从侧面看，两条腿在同一条直线上，脚尖向下。

这种坐姿常常被女性如许多电视节目的女主持人使用，它不仅优美文雅、大方自然、富有亲近感，还可以充分展示女性的风采和魅力。但这种坐姿不宜长久保持，否则会使骨盆变形。

✎ 学习笔记

（四）男士的六种坐姿

1. 标准式

上身正直上挺，双肩正平，两手放在两腿或扶手上，双膝并拢，小腿垂直于地面，两脚自然分开成45°。

2. 前伸式

在标准式坐姿的基础上，两小腿前伸一脚的长度，脚尖不要跷起。

3. 前交叉式

在标准式坐姿的基础上，小腿前伸，两脚踝交叉。

4. 屈直式

在标准式坐姿的基础上，左小腿回屈，前脚掌着地，右脚前伸，双膝并拢。

5. 斜身交叉式

在标准式坐姿的基础上，两小腿交叉向左(右)斜出，上体向右(左)倾，右(左)肘放在扶手上，左(右)手扶把手。

6. 重叠式

右腿叠在左腿膝上部，右小腿内收、贴向左腿，脚尖自然地向下垂。

（五）坐姿的注意事项

第一，左进左出。这是一种基本的礼貌，除非条件不允许，否则，在较正式的场合，都应该这样做。

第二，头部要端正，身体要直立。这不仅是规范坐姿的要求，而且有利于自己的身体健康，更是心态阳光、风度良好、富有进取心的表现。

第三，不要倚靠。规范的坐法应该是坐好后占椅面的2/3～3/4，这样也便于在交谈的时候面向对方。

第四，倾听他人(领导、贵客)教导、指示时，除了坐姿要端正外，还要坐在座椅的前半部或边缘，身体稍向前倾，表现出对对方的恭敬、重视。

第五，女士就座时，不可随意跷腿，更不可将双腿叉开。无论哪种坐姿，双腿都应该是并拢的。如果想跷腿，架腿方式必须正确；如果穿着裙子，一定要小心盖住双腿，不要分开。男士可以交叠双腿，一般是右腿架在左腿上，但腿、脚不能晃动。

第六，就座时，双手不要叉腰或交叉在胸前，不要摆弄手中的东西，不要频繁地拉衣服、整头发，不要抠鼻子、掏耳朵等；不要双手抱在腿上或放在桌下、两腿间，也不要用手摸腿、摸脚；双肘支在面前的桌子上、托下巴的动作也应该避免。

第七，就座后，忌脱鞋袜、将腿放在桌椅上或蹬踏他物。无论男女，坐的时候都不要以鞋底示人。

（六）坐姿训练

按坐姿基本要领，重点注意脚、腿、腹、胸、头、手部位的训练(女生训练时，可在两腿之间夹一张纸)，可以配舒缓、优美的音乐以减轻疲劳，每天训练20分钟左右。

四、走姿 >>

（一）规范的走姿

规范的走姿的基本要求是优雅、稳重、从容、大方，以下是规范的走姿的标准。

第一，方向明确。脚尖正对前方，女士走成一条虚拟直线，脚尖可偏离中心线约10°；男士双脚走在两条相距很近的虚拟平行线上，不东张西望，要直视前方。

第二，步幅适度。步幅的大小一般与本人小腿长度接近，男士约40厘米、女士约35厘米，不宜过大或过小。

第三，速度均匀。行走速度一般是60~100步/分钟。脚步要自如、轻柔。

第四，重心放准。行走时，身体微前倾，重心落在前脚掌上。行进中，注意重心不断移动与交替。

第五，身体协调。行走时，头正挺胸、臀部肌肉收紧、胯向上提、双肩平稳、双臂以关节为轴自然摆动(摆动幅度以30°~45°为宜)、脚跟先着地，膝盖在脚落地时伸直，腰部是重心移动的轴。

第六，造型优美。面向前方、两眼平视、挺胸收腹、腰挺背直、挺正脖颈，尽量让线条修长。

女士行走时，一定要注意步态。女性的步态是否优美，关键在于步位和步幅。步位是指脚落地的位置，两脚要踩在一条直线上，这样可使臀部扭动幅度适中；迈步时以大腿带动小腿，不要耸肩仰头，注意呼吸均匀，手不乱晃。步幅是指每步跨出去的距离，步幅过大难看，步幅过小又走不快。只有做到步位和步幅合宜，行走时才能给人以袅袅婷婷的感觉。走路时，要让步伐和呼吸有节奏地配合，否则走姿会失去韵味，显得浑身僵硬。

（二）走姿的注意事项

第一，双臂摆幅不宜太大，忌左右摆动，忌双手插入裤袋、反背于身后。

第二，身体要挺直、平稳，忌摇头晃肩、弯腰、曲背、腆肚、扭动臀部，忌低头、仰头，或身体前俯后仰。

第三，膝盖与脚踝放轻松，勿僵硬，忌内、外八字步。

第四，步幅与呼吸相互配合。

第五，步率(速度)不可太快或太慢。

第六，忌面无表情、东张西望、敞开衣襟、勾肩搭背并排走、边走边吃东西。

（三）走姿训练

在地面上画一条直线或放置一条绳子，行走时，双脚内侧踩在线上或绳上。若稍稍碰到这条线或绳，即说明走路时两脚几乎是在一条直线上；若偏离这条线或绳，则说明走路不够规范。训练时可以播放音乐，音乐节奏为 60～70 拍/分钟。

五、蹲姿 >>>

在日常生活中，对于掉在地上或放在脚边的东西，人们一般是采用弯腰或蹲下的方式将其捡起或拿起，但是很少有人会注意到自己下蹲的姿势是否优美。其实，下蹲的姿势同样体现你的修养以及对他人的尊重。

（一）蹲姿要求

大腿靠近、臀部向下、屈膝、两腿合力支撑身体，上身尽量保持正直。

下蹲时，要迅速、美观、大方。若用右手捡东西，可以先走到东西的左边，右脚向后退半步后再蹲下来。脊背保持挺直，臀部一定要蹲下来，避免弯腰翘臀的姿势。男士两腿间可留有适当的缝隙；女士则要两腿并拢，穿旗袍或短裙时须更加留意，以免尴尬。

（二）两种常见蹲姿

1. 交叉式蹲姿

生活中有时会用到交叉式蹲姿(如集体合影前排需要蹲下时，女士可采用这种蹲姿)。下蹲时身体稍侧，右脚在前，左脚在后，右小腿垂直于地面，全脚着地。左膝由后面伸向右侧，左脚跟抬起，脚掌着地。两腿靠紧，合力支撑身体。臀部向下，上身稍前倾。如图 2-1 所示。

2. 高低式蹲姿

下蹲时右脚在前，左脚稍后，两腿靠紧。右脚全脚着地，小腿基本垂直于地面，左脚跟抬起，脚掌着地。左膝低于右膝，左膝内侧靠于右小腿内侧，形成右膝高左膝低的姿态，臀部向下，基本上以左腿支撑身体。如图 2-2 所示。

（三）蹲姿的注意事项

第一，忌弯腰、撅屁股、叉腿。

第二，下蹲时，与他人保持适当距离，以免发生碰撞。

第三，忌面对人或背对人下蹲。

第四，注意护前胸，以防内衣外露。

第五，穿裙装时，注意不要暴露隐私部位。

图 2-1　交叉式蹲姿

图 2-2　高低式蹲姿

学习笔记

六、手势 >>>>>>>>>>>>>>>>>>>>>>>>>>>>>>>>>>>>>>>

英国学者德斯蒙德·莫里斯在《手势新探》中说："当人们进行活生生的情感交流时，手势的重要性会超出语言本身。"

手势是人们交往中经常用到的一些动作。不同的动作、姿态会给人不同的感受，不同的地域、文化对相同的手势也会有不同的理解。如果想借助手势更好地表达自己的意思和情感，就必须深入学习、正确使用。

相关链接

一位巴西商人到俄罗斯去做生意，经过买卖双方的努力，最终达成了协议，眼看就要签合同了，这位巴西商人高兴地做了一个交好运的手势，他把右手攥成拳头并把大拇指放在食指和中指之间。谁知，俄罗斯人见到这个手势马上沉下脸。翻译赶快用葡萄牙语告诉巴西商人，这个手势在巴西表示交好运，可是在俄罗斯却表示侮辱人。巴西商人连忙道歉，但还是无法挽回局面。就这样，一个手势使一笔利润丰厚的生意告吹。

在一定的文化背景下，相同的手势可能代表不同的含义。不了解手势的意义与差别，可能会给我们的生活、工作带来损失或麻烦。

（一）使用手势的要求

学习笔记

1. 适合

使用手势时，要考虑对方的年龄、地位、性别、文化素养、理解能力，还要考虑场合、环境、亲疏等。注意不同的性别、地域、文化背景对手势的理解差异。

2. 一致

手势所表达的意思要与口头语言一致，否则会给人装腔作势、自相矛盾之感。

3. 简约

过多的手势会分散对方的注意力、影响他人的理解，还会使人显得不够稳重。所以，应该尽可能少使用手势。

4. 优美

手势应该尽可能优美，幅度不宜过大，上不过头、侧不过身、下不过腰。

5. 准确

不同的手势表达不同的意思，只有准确地使用手势，才能避免误解。

6. 规范

在一定的文化背景下，每个手势都有其约定俗成的形态及要求，不能随意篡改、发挥。

（二）常见的手势及其含义

敞开双手：表示坦率、真诚、诚恳。

掌心向上：表示诚实、谦虚、屈从，无威胁性。

掌心向下：表示不坦率、缺乏诚意、命令。

双臂交叉：表示防御或有敌意。

食指刮下巴：法国特有的手势，表示拒绝。

V 字手势：食指和中指分开竖起，使手背朝向自己，手心向外。这种手势现在普遍用来表示"胜利"（victory 的第一个字母，第二次世界大战时期，英国首相丘吉尔首先使用了这种手势），若是手心向内，就变成侮辱人的意思。在欧洲，这种手势还表示数目"二"。

OK 手势：食指和大拇指环接成"O"形，其他三指自然弯曲。这种手势在美国和其他一些西方国家广为流行，现已逐步遍及全球各地。但这种手势在不同的国家和地区表达了不完全相同甚至相反的意思，在运用和理解时应该注意区分。在美国，它表示"同意、了不起、顺利、赞赏"等意；在法国，它表示"零"或"无"；在印度，它表示"正确"；在泰国，它表示"没问题"；而在日本、缅甸、韩国，它则表示"金钱"；在日本，它还表示"明白了"；在我国，它一般表示"零"或"三"两个数字；在巴西，它的意思完全不同，是"引诱女人"或"侮辱男人"；在突尼斯，它表示"傻瓜"或"无用"；在印尼，它表示"什么也干不了"或"不成功"；而在某些地中海国家，它则表示"孔"或"洞"的意思；在俄罗斯和土耳其，它表示骂人的意思。

耸肩：表示无可奈何、无能为力。

拇指捻鼻尖：表示嘲笑、不相信。

竖食指：食指向上伸出，其他四指自然握紧。在有些场合，这种手势表示要发言。在我国，这种手势常表示"一"或"一次"，或是"提醒对方注意"的意思；而在日本、韩国、菲律宾、印尼、墨西哥等国，它则表示"只有一次"或"一个"；在法国，它是"请求、提出问题"的意思；在缅甸，它也表示"请求"的意思，有时还有"拜托"之意；在新加坡，它表示"最重要"的意思；而在澳大利亚，它则表示"请再来一杯啤酒"的意思。

手触前额：表示致敬、道别。

大拇指手势：垂直举起大拇指，其他四指紧握。中国人用这种手势表示夸奖、赞赏之意。在美国、英国、澳大利亚和新西兰，这种手势大致包含三种含意：一是搭便车；二是表示"OK"；三是如果把拇指用力挺直，则有骂人的意思。而在希腊等国家，其主要表示"够了"。在意大利，竖起拇指表示"一"，加上食指表示"二"；在尼日利亚，这种手势表示骂人。在日本，如果女子向男子伸出大拇指，就是在问对方是否有女朋友；如果男子向女子伸出大拇指，意思是邀请她出去玩。

叫人：在美国呼唤服务人员，要用食指向上伸直；日本人招呼侍者，则把手臂向上伸，手掌朝下，并摆动手指；在中东各国，轻轻拍手，服务人员即会意而来。

鼓掌：日本人在观看演出时，用频频鼓掌表示对演员的欢迎和鼓励；而在英国，有节奏地拍掌则表示对演出不满、轰演员下台。

七、鞠躬 >>

鞠躬即弯腰行礼，是对他人表示恭敬的一种礼节，能表达鞠躬者对受礼者的尊敬、钦佩、问候，是我国的传统礼节，也是许多国家常用的行礼方式。

一个鞠躬释前嫌

在严肃的会议场合突然有人向你鞠躬，你别以为只有在电视上才能看到，这是近日发生在某市环卫处精细化管理工作会议上的一个真实场景。

"……加入管理员队伍后，压力很大，给她们（清扫员）一点建议，她们不但不接受，还对我大骂……"这是清扫保洁大队的一位姓唐的中队长在汇报工作。她的真情流露使与会人员个个屏住呼吸，饶有兴趣地想要听下去。唐队长继续说道："后来，李助理知道了，她开导我……在此，我代表18个中队的中队长向李助理表示感谢。"话音刚落，唐队长"刷"的一下站了起来，向李助理深情地鞠了一躬。面对突如其来的鞠躬，眼中饱含热泪的李助理也情不自禁地站了起来，回了唐队长一个鞠躬。与会人员惊讶地看着她俩的举动，这时，不知谁轻拍着手掌打破了这种宁静。随后，所有与会人员激动地鼓起掌来……

一个鞠躬，表达了不知多少语言所不能表达的情感。

（一）鞠躬的使用场合、对象

下级对上级、学生对老师、晚辈对长辈、接待者对宾客致意，表演者对观众、领奖者对颁奖者致谢，对逝者表示悼念等，都可以使用鞠躬。

（二）鞠躬的方法

持立正姿势，双目注视受礼者，面带微笑，以腰为轴，整个腰及肩部向前倾斜15°～30°。目光要随鞠躬下垂，表示谦恭的态度。

男士双手自然下垂，贴放在身体两侧裤线上；女士双手则在身前轻轻相搭。

鞠躬时，可以问好或致谢、致歉。鞠躬礼毕起身时，眼睛要礼貌地注视对方，让人感到诚心诚意。

（三）鞠躬的注意事项

第一，鞠躬时不能戴帽子。

第二，鞠躬时不能吃东西或做其他事。

第三，鞠躬时不要叉开腿随便弯一下腰或向前探一下脑袋，这样做让人感觉敷衍了事，对受礼者很不尊重。

第四，鞠躬后，眼睛要礼貌地注视对方，不要将视线移向别处，否则显得不够真诚。

第五，如果迎面相遇行鞠躬礼，则在鞠躬礼毕后向右跨出一步，给对方让路。

观仪态知心理

不同的仪态可以反映一个人不同的心理。

1. 笑

◆亲切自然的笑：内心平和、愉快。

◆眉开眼笑：真正的喜悦。

◆冷笑：不屑或极度不满。

◆淡淡的笑：敷衍、不放在心上。

◆只动嘴角的笑：客套、难以打动。

◆扬起脸哈哈大笑：性格外向、有优越感。

◆笑时喜欢低头：羞涩、守信用。

◆一边笑一边左顾右盼：心中有秘密。

◆笑得不能抑制、流出眼泪：敏感。

2. 站姿

◆站得笔直：个性刚强、外向，内心火热，直言直语。

◆两脚叉得很开：有优越感，内心彷徨。

◆双臂抱在胸前：内心缺乏安全感、总在防御。

◆低头：心事多，思考能力强。

3. 坐姿

◆在椅子上浮坐并且姿势放松：居高临下。

◆只坐椅子一小部分并且上身前倾：对对方有好感。

◆坐在椅子上动来动去：内心不安、无安全感。

◆坐在椅子上跷起二郎腿：有对抗意识和优越感。

◆坐在椅子上用脚尖打拍子：随遇而安、适应能力强。

◆坐在椅子上双手放在椅背上：比较拘谨。

◆坐在椅子上双手交叉枕在脑后：热情、乐于助人。

◆性格开朗的人，落座时动作幅度大、速度快；个性文静的人，落座时动作小而轻缓；性格强悍、不拘小节的人，落座时动作大而猛；性格谨慎的人，落座时动作小而迟缓。

◆深坐(坐得靠后，把椅子坐满)表现出一定的心理优势和自信，浅坐表现出尊重和谦虚。

◆男子张腿而坐表示个性奔放坦率、胸怀开阔，且有较强的自信；女子张腿而坐不雅观、是没有修养的表现，任何情况下都不可采用这种坐姿。男子并腿坐表现出严肃、郑重和认真；女子也常常采用这种坐姿，表现出端庄和郑重。

4. 走姿

◆走路沉稳、有力：个性稳健，行事周全、可靠。

◆走路无力、步伐沉重：精神不安定、心事重重。

◆跳远的步伐：内心焦躁。

◆走路匆忙、脚步声大：热心助人、性格乐观。

◆走路抬头看天：城府深、防范心理强。

◆走路双手背后：内心平静。

5. 手势

◆说话时用手搔脖子：表示怀疑或不肯定。

◆捶腿、摸胡子、揉眼睛、突然拍桌子：高兴、兴奋。

◆捶胸脯：悲痛。

◆搓手：为难。

◆自拍脑门：悔恨。

◆摸头发：紧张。

◆竖起大拇指：称赞。

◆伸出小拇指：蔑视。

◆说话时手掌伸开、手心朝上：表示诚实、直率。

◆一边说话一边摆弄手指：内心紧张。

思考与练习

一、判断题

(1)适当的容貌修饰，可以掩饰某些先天的不足。

(2)休闲场合的穿着应该时尚、个性。

(3)职业场合的服饰不宜太时尚。

(4)女士工作时间应该化淡妆。

(5)首饰佩戴一般不超过四种。

(6)穿着要与年龄、职业、场合等相协调。

(7)行走时，速度一般应该保持在每分钟60～70步。

(8)就座时不宜坐满整个座位。

(9)公务注视区是以两眼为底线、额中为顶角所形成的三角形区域。

(10)站立时，可以将双手插在衣服的口袋里或叉在腰间，根据自己的习惯摆放。

(11)行走时，可以和三五个朋友挽着手走成一排，以示关系密切。

(12)教师教学时，应该尽可能多使用手势，以帮助学生理解。

(13)向人鞠躬时，只需将头迅速地向下点一下就可以了。

(14)递接物品时，一定要使用双手。

(15)掉在地上的物品可以弯腰捡起。

二、简答题

(1)职业场合着装应该注意哪些？

(2)化妆的基本步骤和方法是什么？

(3)服装色彩搭配的常用方法有哪些？请举例说明。

三、实践训练题

(1)结合身边的情况，谈谈日常生活中违反服装礼仪规范的常见现象有哪些。

(2)你会微笑吗？请你主动向身边的人微笑，感受微笑的效果，仔细体会微笑的作用。

(3)你的站、坐、走、蹲等姿态是否规范？请同学或朋友每周拍下你日常的站、坐、走、蹲等姿态(尽可能拍到各个角度)，然后再按你所理解、掌握的规范动作拍一组站、坐、走、蹲等姿态的照片。连续拍一个月，每次把照片对比着看，检查你是否有进步，还有哪些动作不够规范。找出自己的问题并加以纠正。

四、案例分析题

(1)李梅是某幼儿园的一位老师，平时非常注意自己的形象，喜欢新潮时尚的装扮，唯恐自己落伍。今天她又以新的形象出现在岗位上：身穿真丝吊带连衣裙，脚蹬高跟鱼嘴鞋，戴着白金镶钻戒指、白色水晶项链、红色玛瑙手镯、珍珠耳钉，真是一个时尚达人！

分析李梅的装扮，指出哪些地方不妥。

（2）张敏是一家小型幼儿园的园长，因为资金不足，办园规模与水平一直上不去。经过多方努力和朋友的牵线搭桥，市内一家著名家电企业的董事长终于同意投资合作，共同经办一家大型幼儿早期教育中心。谈判时，为了给对方留下精明强干、时尚新潮的好印象，张敏上穿一件名牌 T 恤衫，下穿一条超短裙，脚穿一双红色细带凉鞋。当她精神抖擞、兴致勃勃地出现在对方面前时，对方瞪着一双不解的眼睛，打量了她半天，对她的态度立即变得非常冷淡。最终合作也没能成功。

请从礼仪角度分析张敏与这家企业合作失败的原因。

（3）李江的学习成绩很好，对人也很礼貌、热情，班级有什么活动他都积极参与，同学有什么难事他也主动帮忙。可是大多数同学总是躲着他，不愿意与他接近。问题到底出在哪儿？据同学们反映，李江喜欢留长指甲，指甲里经常藏着很多"东西"；白衣领常常有一圈黑色的污渍；平时喜欢吃大葱、大蒜之类的食物；一条牛仔裤穿了半年也没有见换洗过。

请从礼仪角度分析大家躲着李江的原因。

（4）某航空公司要面向社会招聘一批空姐，前来报名的人络绎不绝。其中，有几个姑娘认为空姐是个时髦的职业，必然是漂亮、时尚的女孩。于是，这几个姑娘就到美容院将自己浓妆艳抹地打扮了一番，活像电视剧里的明星。她们满怀期望地来到报名地点，不料工作人员却连报名的机会都不给她们。看着其他姑娘一个个顺利地报上了名，她们几个非常纳闷："为什么连报名的机会都不给我们呢？"

请讨论分析：

①工作人员为什么不给这几个姑娘报名的机会？

②空姐的漂亮究竟有什么样的含义？

③如果你要去应聘空姐，会怎么打扮自己？

（5）小处不可随便

传说，有人把于右任写的"不可随处小便"的字条重新剪切装裱，就有了"小处不可随便"的典故。其实，"小处不可随便"是中国人自古以来的一条处世原则。古语道："战战栗栗，日谨一日。人莫踬于山，而踬于垤。"告诫人们时时提防别在小处绊倒，这或许是"小处不可随便"的最古老的出处。

不光是中国人，外国人也有相似的观念。针眼大的窟窿斗大的风，小处随便的人往往不受欢迎，在某些特殊的场合甚至会造成致命的后果。在这方面，最典型的例子大概就是 18 世纪的法国公爵奥古斯丁。1786 年，法国国王路易十六的王后玛丽·安东尼到巴黎戏剧院看戏，全场起立鼓掌。放荡不羁的奥古斯丁为了引起王后的注意，面向王后吹了两声很响的口哨。当时，吹口哨被视为严重的调戏行为，国王大怒，把奥古斯丁投入监狱。而奥古斯丁入狱后就似乎被遗忘了，既不审讯，也不判刑，一直被关着。后因时局变化，他也曾有过出狱的机会，但阴差阳错，终究还是无人过问。直到 1836 年，老态龙钟的奥古斯丁才被释放，当时他已经 72 岁。两声口哨换来 50 年的牢狱之灾，实在是天大的代价。

与此相反，一滴水可以折射太阳的光辉，小处认真、细心的人往往能取得人们的信任。法国有个银行大王，名叫恰科。他年轻时并不顺利，52 次应聘均遭拒绝。第 53 次应聘时，他又来到了那家最好的银行，礼貌地说完再见，转过身低头向外走去。忽然，他看见地上有一枚大头针，横在离门口不远的地方。他知道大头针虽小，弄不好也能对人造成伤害，就把大头针捡了起来。第二天，他接到了这家银行的录用通知。原来，他捡大头针的举动被董事长看见了。从这个不经意的小动作中，董事长发现了他品格中闪光的东西，认为这样细致的人是很适合做银行职员的，于是决定聘用他。恰科也因此得到了施展才华的机会，最终走上了成功之路。

你是怎样理解"小处不可随便"的？

学习反思

专题三
公共礼仪

学习目标

通过本专题学习，你应该能够实现以下目标。

1. 了解、掌握公共场所礼仪的基本要求，做一个受欢迎的人。

2. 了解、掌握日常行路、乘电梯、乘车的礼仪。

3. 了解称谓的基本要求，掌握有关称谓的技巧，并能够正确应用。

4. 了解、掌握介绍礼仪，能够在生活、工作中正确运用。

5. 掌握握手礼仪，能规范地应用。

6. 掌握交谈礼仪，能够较好地与人沟通交流。

7. 掌握拜访与聚会礼仪，能规范地应用。

　　每一个人在日常生活、工作中都需要与人交往，需要与他人进行沟通、交流。而良好的交往是有形式和规则的，这些形式和规则使人与人的交往变得更加顺畅。通过本章的学习，你能比较全面地了解日常生活、工作中最基本的交际礼仪，如介绍礼仪、交谈礼仪、称谓礼仪、拜访礼仪及公共场所的基本礼仪，从而可以自觉地规范自己的行为，文明、优雅、得体地出入各种场合，成为一个处处受欢迎的人。

学习任务 1
公共场所礼仪常识

　　公共场所的礼仪修养状况反映了一个民族的整体形象，是一个国家的文明程度、礼仪风尚在每一个公民身上的具体体现。

一、公共场所中的礼仪要求　>>>>>>>>>>>>>>>>>>>>>>>>>>>

进入公共场所，要遵守一些基本的公共礼仪，满足宽容忍让、不妨碍他人、衣冠整齐、女士优先、爱护公物五项基本要求。

（一）宽容忍让

在公共场所要宽容忍让，严于律己，不斤斤计较、咄咄逼人，多宽容、体谅、理解他人。在公共汽车上、地铁里、公园里要主动给老弱病残者让座，提供必要的帮助；要宽容他人对自己的一些无意碰撞、"冒犯"，容忍他人的"标新立异""荒唐可笑""轻薄无知"，尊重他人的人格和权利。如果发生冲突，应当冷静处理，切勿激动、暴躁。只要不是大问题，不必纠缠。

（二）不妨碍他人

在公共场所，基本的要求是考虑到别人的利益不受侵犯，做到尊老爱幼、尊重他人，不打扰、妨碍别人，谈吐、举止文明；遇到熟人低声交谈，不大呼小叫；尽量保持安静，不喧哗或大声接打电话，以免打扰他人；时刻注意自己的言谈举止，做到稳重大方，不干预他人的人身自由，不侵犯他人的"领地"；出入公共场所，应尽可能做到轻、缓、静，用手轻轻关、开门，动作要矜持、稳重。

在公共场所，不要吸烟，尽量不要吃东西，更不要乱丢废弃物，也不要随地吐痰、擤鼻涕；用完卫生间一定要冲水，以免给他人带来不便。

（三）衣冠整齐

在公共场所，穿戴要整齐、干净、朴素，不过分炫耀。衣冠整齐的基本标准是：裤子与裙子里面要有内裤，不能穿睡衣、三角裤、背心及拖鞋进出公共场所；即使天气再热，男士也不能光着膀子、女士也不能穿着细吊带裙出入公共场合。另外，如领子不平整、衬衣下摆从裤子里露出、鞋上粘有异物或裤扣没有扣好等都属于衣冠不整，应予以纠正。

（四）女士优先

女士优先是国际公认的交际礼仪，它的基本要求是：进门时，男士开门，请女士先行；上楼时女先男后，下楼时男先女后；双方在人行道上行走，男士应走在外侧；在道路狭窄处，男士应主动给女士让路；进入电梯，男士负责按电梯按钮，并礼貌地询问女士要去的楼层。

男士应处处照顾和体谅女士，但女士也应自重，不要有轻浮的举止。

（五）爱护公物

在公共场所，要爱护公共财物，不折损花草，不攀墙上树，更不要在墙上、树上、文物上、长椅上、公厕里乱写、乱涂、乱刻。

总之，在公共场所，应该始终保持稳重、平和、文雅、自信的风度。

二、人际交往的空间距离　>>>>>>>>>>>>>>>>>>>>>>>>>>>>

一般来讲，交往双方的关系以及所处的情境决定着彼此自我空间范围的大小。美国人类学家爱德华·霍尔博士根据人们不同的交往，把个体空间划分为四种距离。

相关链接

　　一位心理学家做过这样一个实验：在一个刚刚开门的大阅览室里，当里面只有一位读者时，心理学家走进去坐在读者的旁边。实验进行了 80 人次。结果表明，在一个只有两位读者的空旷的阅览室里，没有一个被试能够忍受一个陌生人紧挨着自己坐下。当心理学家坐在他们身边后，多数人很快默默地离开，到别处坐下；有的人则干脆明确表示："你想干什么？"

　　这个实验说明：人与人之间需要保持一定的距离。每个人都需要在自己的周围建立一个个人的"空间"，就像一堵无形的"围墙"为自己"隔离""占据"了一定的"空间"。当这个自我"空间"被他人"侵犯"时，就会感到不安全、不舒服，甚至恼怒起来。

（一）亲密距离

　　亲密距离是人际交往的最小距离，范围在 0～45 厘米。亲密距离又分为两个层次：0～15 厘米，15～45 厘米。范围在 0～15 厘米，是人们可以亲密接触的距离，通常用于恋人之间、父母与子女之间，彼此能够感受到对方的体温、气味和气息；范围在 15～45 厘米，身体已经不能相互接触，但用手可以相互触摸到，通常用于兄弟姐妹之间、亲密朋友之间，能体现出亲密友好的人际关系。

　　就交往情境而言，亲密距离属于私人情境，仅限于在情感上联系高度密切的人之间使用。在社交场合，两个人（尤其是异性）如此贴近，就不太雅观。在同性之间，适用者往往只限于贴心朋友；在异性之间，适用者仅限于夫妻和恋人。在人际交往中，一个不属于亲密距离范围内的人闯入这一空间，不管用意如何，都是不礼貌的，会引起对方的反感。

　学习笔记

（二）个人距离

　　这是略有分寸感的人际距离，基本上没有直接的身体接触，范围在 46～120 厘米。个人距离的近范围为 46～76 厘米，适合双方亲切握手、友好交谈，是熟人之间交往、相处的空间距离，陌生人进入这个范围会使对方感到不适。个人距离的远范围为 77～120 厘米，任何朋友和熟人都可以自由地进入这个空间。一般情况下，熟人之间更靠近此范围的近距离(76 厘米)一端，而陌生人之间则更靠近此范围的远距离(120 厘米)一端。

　　人际交往中，亲密距离与个人距离仅适用于非正式社交场合，在正式社交场合则应使用社交距离。

（三）社交距离

　　这是人们在工作场合或公共场所交往时运用的一种距离，充分体现出社交或礼节上的正式关系。社交距离的近范围为 121～210 厘米，在接待客户、上级向下级布置工作等场合使用此种距离较为合适。社交距离的远范围为 211～370 厘米，表现出一种更加正式的交往关系，是会晤、谈判等场合适宜使用的距离。

　　在社交距离范围内，已经没有直接的身体接触。说话时应适当提高音量，也需要更充分的目光接触。谈话者若得不到对方目光的回应，就会产生被忽视、被拒绝的感受。因此，在社交距离空间内，交往双方的目光接触是必不可少的。

（四）公众距离

这是公开演讲时演讲者与听众之间所保持的距离，其近范围为 371～760 厘米，远范围在 760 厘米之外。这个距离是可以容纳任何人的"开放"的空间，人们可以对处于这个空间的其他人"视而不见"。这个空间适宜在公开演讲之类的交往活动中使用，如果演讲者希望与一个特定的听众谈话，最好走下讲台，使两个人的距离缩短为个人距离或社交距离，才能实现有效沟通。

显然，人们交往时，空间距离的大小是表现双方是否熟识、是否喜欢、是否亲近、是否友好的重要标志。因此，根据交往对象的不同，选择合适的距离就显得尤为重要。

人际交往的空间距离不是固定不变的，而是具有一定的伸缩性，取决于交往的具体情境、交谈双方的关系、社会地位、文化背景、性格特征、心境等因素。

不同的国家、民族由于文化背景不同，人们交往的距离也不同。这种差异主要是人们对"自我"的理解不同所造成的。例如，北美人理解的"自我"包括皮肤、衣服以及体外几十厘米的空间，而阿拉伯人理解的"自我"则仅限于心灵，他们甚至把皮肤当成身外之物。因此，常常会出现这种情形：阿拉伯人"步步逼近"，却还嫌对方过于冷淡；而北美人"连连后退"，接受不了对方的过度热情。同是欧洲人，交往的距离也不同。法国人喜欢保持近距离，乃至让对方感受到自己的呼吸；而对此感到很不习惯的英国人会步步退让，极力维持自己所能够接受的空间范围。

人们确定空间距离的远近不仅取决于文化背景和社会地位，还取决于个人的性格和具体情境等。例如，性格开朗、喜欢交往的人更愿意接近别人，也能够接受别人靠近自己，他们的自我空间相对较小。而性格内向、孤僻的人不愿主动接近别人，对靠近自己的人十分敏感，如果他们的自我空间受到"侵占"，会产生不适或焦虑。此外，人们对自我空间的确立也会随具体情境的变化而有所调整。例如，在拥挤的公共汽车上，人们无法根据自己的习惯选择自我空间，自我空间变得很小，不得不容忍陌生人靠得很近，没有了亲密距离与公众距离的界限。相反，在较为空旷的公共场所，人们的空间距离就会扩大。如在公园休息区，陌生人挨着自己坐下，自己就会产生不舒适的感觉。所以，常常会看到人们通过选择适当的位置来独占一块公共领地。如在公园休息区，若你想阻止别人和你同坐一条长凳，那么从一开始你就要坐在长凳的中间，从而成功地阻止陌生人靠近。

了解了交往中人们所需的自我空间及适当的距离，我们就可以有意识地选择与人交往的最佳距离。同时，通过空间距离的信息，我们还可以很好地了解一个人的社会地位、性格以及人们之间的相互关系，更好地进行人际交往。

学习任务 2
交通礼仪

相关链接

　　随着城乡人口、车辆的增多，道路、楼梯、电梯等一些公共设施日益拥挤，面临的安全问题越来越多。为了确保出行的安全、顺畅、快捷，我们每个人都应该自觉遵守交通规则、礼仪规则，文明出行，给自己和他人营造一个安全、有序的环境。

一、行路的礼仪 >>>>>>>>>>>>>>>>>>>>>>>>>>>>>>>>>

　　出门行路，是人人都会做的平常小事。但即使是这样的平常小事，也须注意许多细节。从礼仪上讲，行路时应遵守以下规范。

学习笔记

（一）遵守交通规则

　　自觉走人行道，让出盲道；靠右行走，不逆行；在没有设置人行道的地方，尽量靠边走；横过马路时，要遵循"红灯停，绿灯行"的规则，一定要走斑马线，不跨越围栏或横穿草坪；在有警察或交通协管指挥时，要听从指挥。

（二）行走要平稳，速度适中

　　行进中不宜奔跑，也不要走得太慢。不要在道路上停留、休息。

（三）把握好位次

　　与他人同行时，应注意位次。并排行走时，以右为上；一前一后行走时，以前为上；多人行走时，长者应位于前面或中间。例如，男女同行时，男士应该走在女士的左侧。

（四）两个人以上不要并排行走

　　两个人以上不要并排行走，也不要与人勾肩搭背、大声说笑，横占整个路面，妨碍别人走路。在狭窄之处行走时，若无急事，最好将外侧让出，以便有急事者迅速通过。

（五）不要围观起哄

　　围观起哄既不安全，也有碍市容、妨碍交通。

（六）行进中也要规范举止

　　行路时，不要大声说笑、边走边吃东西、吸烟、乱扔垃圾，举止要文明、规范。

（七）问路

　　别人问路，应给予热情帮助；自己问路，要选择适当的时机与对象，不要在别人有急事或忙得不可开交、无暇回答时问路。

二、上下楼梯与自动扶梯的礼仪 >>>>>>>>>>>>>>>>>>>>

📖 学习笔记

第一，上下楼梯应尽量靠右侧行走，不应多人并排行走，以方便有急事的人从左侧快速通行或对面的人上下。中国自古就有"行不中道，立不中门"之说。

第二，上下楼梯时，应注意速度适中，不能拥挤，也不能打闹，不要推挤他人，也不要快速奔跑。

第三，上下楼梯时，既要注意台阶，适时抬腿，又要注意与身前、身后之人保持一定的距离，以防碰撞。

第四，上下楼梯时，不要交谈，更不要在楼梯上或楼梯转角处逗留，以免妨碍他人通过。

第五，上楼时，身体弱者在前、身体强者在后，长辈在前、晚辈在后；下楼时，身体强者在前、身体弱者在后，晚辈在前、长辈在后。这不仅是出于尊重，也是一种安全的保护措施。但为人带路上下楼梯时，带路者均应走在前面。

第六，与年长者一起下楼梯时，如果楼梯过陡，应主动搀扶，以防对方有闪失。

第七，男女同上楼梯时，一般男士应该走在女士后面；与身着短裙的女士一起上下楼梯时，男士一定要走在女士前面，否则走在后面的男士的视线会正好落在女士的腰部、臀部，属于失礼行为。

第八，上自动扶梯前，要系紧鞋带，留心拖曳的长裙、礼服等衣物，防止被台阶边缘、梳齿板等挂住。在入口处要按次序、不推挤，帮助老幼孕残者先行登梯。

第九，在自动扶梯上，不要把头、四肢伸出扶手装置以外，以免碰到障碍物。要防止拐杖、雨伞尖端或者高跟鞋尖等插入台阶边缘的缝隙中或者台阶踏板的凹槽中，以免损坏台阶或造成人身意外。

第十，在扶梯上升或下降时，不要把随身携带的箱包、手提袋等放在扶手带上，也不要蹲坐在台阶踏板上、在台阶上乱扔废弃物。

第十一，不要在台阶上蹦跳、嬉戏、奔跑。大人要看管好自己的小孩。手推婴儿车、购物小推车等最好不随人搭乘，以防车子失去平衡滚落，伤害其他乘客或损坏设备。

✍ 相关链接

踩踏事故的预防

为预防踩踏事故的发生，需要大家共同遵守行走时的礼仪，并了解相关的安全常识，在避免伤及他人的同时，也要保护自己。

（1）在球场、商场、狭窄的街道、室内通道、楼梯、影院、酒吧、拥挤的车船内，要特别注意安全，预防踩踏事故的发生。

（2）如有可能，应尽量避免去人员密集的场所，远离拥挤的人群。

（3）无论在道路上还是上下楼梯时，均要靠右行走、互相礼让，切勿拥挤抢行、玩耍打闹、搞恶作剧。

（4）遇到紧急事件时应听从指挥、有序行进，以免造成拥堵。

(5)发现有人流向自己拥过来时，应立即避让，尽量靠墙或抓住旁边的坚固物体(如路灯柱等)以寻求支撑。切忌慌张奔跑，以免摔倒。待人流过去后，再迅速而镇静地离开现场。

(6)上下楼梯或台阶时，尽量抓着扶手走，也可扶着坚固可靠的东西(如墙壁)稳妥地行走。

(7)应顺着人流的方向行走，并尽量走在人流的边缘。切忌逆着人流前进，否则很容易被挤倒。

(8)身不由己陷入人流时，一定要先稳住双脚，避免失去重心而摔倒。要远离玻璃窗，以免玻璃窗被挤破时被玻璃碎片扎伤。

(9)不要采取身体前倾或重心低的姿势，即使鞋子被踩掉或鞋带松开，也不能俯身或蹲下处理，否则很容易被人群踩踏。

(10)前面有人突然摔倒时，要立刻停下脚步、大声呼救，并告知后面的人停止前进、不要靠近。

(11)若自己被人群挤倒，要设法靠近墙角，身体蜷成球状，双手在颈后紧扣，以保护身体最重要的部位不受重伤。

三、乘坐电梯的礼仪 >>>>>>>>>>>>>>>>>>>>>>>>>>>>>>

第一，等候电梯时，应站立在电梯门口的右侧；电梯到达时，如有熟人同候，不必过于客气、你推我让，以免耽搁时间、妨碍其他乘客进入，应让老人、小孩、残疾人和客人先进入电梯；出电梯时，也应从右侧走出，以免相互拥挤；到达目的楼层时，请客人或长者先出电梯。

第二，进入电梯后应立即转身面对电梯门，以免造成面对面的尴尬；进入电梯后不要站在近门处，应尽量站成"凹"字形，空出位置，以便让后进入者有地方可站。

第三，不要让自己的身体挡住电梯的操作盘，以免妨碍他人使用按钮。离按钮较远时，不要将胳膊伸得太长，可以请离按钮较近的人帮忙。楼层按钮按一下就可以了，不要反复按，更不要用伞柄、钥匙等去按。另外，当遇到人多不方便按按钮时，靠近按钮的人应主动问一下其他人到哪层，并为其按下楼层按钮。

第四，电梯内禁止吸烟，不要喧哗、嬉戏、扔垃圾。不要让小孩乱按电梯按钮。

第五，在电梯内不要高谈阔论、大拉家常，更不要谈论别人的隐私或者商业机密。

第六，在电梯内尽量不要碰着别人(特别是夏天)，与人保持一定的距离。进出电梯需要从别人身边走过时，应说一声"劳驾"或"对不起"。

第七，最好不要带宠物进电梯。

第八，不要在电梯里对镜整装，避免过度使用香水。

第九，如果电梯门即将关上，但还有人没进来，电梯上的人应按住开门钮，等后面的人进来。

第十，电梯超载时，后进入电梯的人应主动退出。

第十一，晚辈、下级、男士、主人应站在电梯开关处提供服务，并让长辈、上级、女士、客人先进入电梯，自己再进入。如果到达目的楼层，应一手按住开门钮，另一手做出请的动作，让长辈、上级、女士、客人先出电梯。

学习笔记

四、乘车(船)的礼仪 >>>>>>>>>>>>>>>>>>>>>>>>>>>>>>>

欣欣大学毕业后，去一家公司当了秘书。由于要经常接送客户，乘车不可避免。可欣欣因为乘车的时候没注意礼仪，被经理批评了好几次。前不久，她送来公司看样品的客户时，热情地帮客户拉开了小轿车左侧的后车门，结果又被经理训斥不懂礼仪，心里很委屈。通过向公司的老秘书"取经"，她才知道自己错在了哪里。

搭乘朋友、同事或者单位的车出行可谓"家常便饭"，乘车礼仪应成为"必备"的常识。否则，一不小心"坐错位"，轻则被视为缺乏修养，重则得罪朋友、领导。

（一）乘车（船）的基本礼仪

乘坐各种车(船)时，以礼待人体现在诸多细节上。

1. 上下车(船)要按顺序

乘坐轿车时，按照惯例，应当请长辈首先上车，最后下车。乘坐公共汽车、火车、轮船或地铁时，通常由晚辈先上车、船寻找座位，先下车、船照顾长辈；长辈则应当后上车、船，后下车、船。

2. 就座时要相互谦让

不论乘坐何种车辆，就座时均应相互谦让，争座、抢座、不对号入座都是非常失礼的。在相互谦让座位时，除对长辈要给予特殊礼遇之外，对待同行人中的职位、身份相同者也要以礼相让。

3. 乘车、船时要律己敬人

在乘坐车、船时，尤其是在乘坐公共交通工具时，要自觉地讲究社会公德、遵守公共秩序。对自己要处处严格要求，对他人要时时友好相待。

4. 乘火车、轮船时要保持安静

在候车室、候船室要保持安静，不要大声喊叫。上车、登船时，要依次排队，不要乱挤乱撞。在车厢、船舱里，不要随地吐痰、乱扔垃圾，应主动配合工作人员做好卫生等各项服务工作；使用行李架时，要互相照顾，不要占用过多的空间或随意挪动、挤压他人物品。

5. 乘公共汽车时应排队依次上车

对妇女、儿童、老年人及病残者要照顾谦让。乘无人售票车，应主动投币或刷卡。上车后不要抢占座位，更不要把物品放到座位上占座。遇到老、弱、病、残、孕及怀抱婴儿的乘客，应主动让座。要注意举止，保持车内整洁，不要吸烟、吃零食，不要把垃圾扔出窗外，不要摆弄车上的机关。下车要提前准备。雨天乘车要把雨具收好，以免弄脏或弄湿他人的衣服或物品。

6. 上下轿车的姿态要文雅、正确

女士乘坐轿车时，切勿一只脚先踏入车内，也不要爬进车里。应该先站在座位边上，把身体降低，使臀部坐到位子上，再把双腿收进车里，双膝一定保持合并的姿势。下车时，先打开车门，而后把脚从车门伸出，待稳稳地踏住之后，逐

渐把身体的重心移出来。

（二）乘车的座次

确定乘车的座次，关键要看乘坐何种车辆。

1. 吉普车

乘坐吉普车时，前排驾驶员身旁的副驾驶座为上座。车上其他的座次，由长而辅依次应为：后排右座，后排左座。如图 3-1 所示。

司机		1
3		2

图 3-1　吉普车座次

2. 中型或大型车

乘坐四排座或四排座以上的中型或大型车时，以前排即驾驶员身后的第一排为上，其他各排座位由前而后依次递减。各排座位讲究"右高左低"，即座次的高低应当自右而左依次递减。简单地讲，可以归纳为：由前而后，自右而左。

🖊 **学习笔记**

3. 轿车

乘坐双排座或三排座轿车时，座次的具体排列因驾驶员的身份不同而具体分为下述两种情况。

第一种情况：由车主驾驶轿车。在这种情况下，双排五座轿车上其他四个座位的座次由高而低依次应为：副驾驶座，后排右座，后排左座，后排中座；三排七座轿车上其他六个座位的座次由高而低依次应为：副驾驶座，后排右座，后排左座，后排中座，中排右座，中排左座；三排九座轿车上其他八个座位的座次由高而低依次应为(假定驾驶座居左)：前排右座，前排中座，中排右座，中排中座，中排左座，后排右座，后排中座，后排左座。当车主驾车时，若只有一个人乘车，则必须坐在副驾驶座上；若多人乘车，则必须推举一个人在副驾驶座上就座，否则就是对车主的失敬。如图 3-2 所示。

车主		1
3	4	2

车主		1
6		5
3	4	2

车主	2	1
5	4	3
8	7	6

双排五座轿车　　　三排七座轿车　　　三排九座轿车

图 3-2　乘车主所驾驶轿车的座次

第二种情况：由专职司机驾驶轿车。在这种情况下，双排五座轿车上其他四个座位的座次由高而低依次应为：后排右座，后排左座，后排中座，副驾驶座；三排七座轿车上其他六个座位的座次由高而低依次应为：后排右座，后排左座，后排中座，中排右座，中排左座，副驾驶座；三排九座轿车上其他八个座位的座次由高而低依次应为(假定驾驶座居左)：中排右座，中排中座，中排左座，后排右座，后排中座，后排左座，前排右座，前排中座。如图 3-3 所示。

图 3-3 乘专职司机所驾驶轿车的座次

学习任务 3
称谓礼仪

称谓，是指人与人交往中彼此之间所使用的称呼，用以指代某人或引起某人注意。正确、恰当的称呼可以表达对对方的尊敬，体现与对方的关系及亲密程度，同时也体现着自身的文化素养。作为来自礼仪之邦的中国人，必须具备称谓的基本常识，恰当地称呼他人，否则会显得粗俗无礼，甚至贻笑大方。

📖 相关链接

一名学生来到医务室，对医生说："师傅，我肚子疼。"医生说："这里只有大夫，没有师傅。找师傅请到学生食堂。"此时，学生的脸红到了耳根。

与人打交道时，所用的称呼恰当、正确与否直接反映出一个人的整体素质、修养水平。

一、称谓的要求 >>>

在日常生活与工作中，为了表示对被称呼者的尊重，称呼别人有以下基本要求。

（一）要采用常规称呼

常规称呼是指人们平时约定俗成的较为规范的称呼。常规称呼可以普遍被人们接受，不容易造成误解。在日常的生活、工作中和交际场合，常规称呼大致分为以下几种。

1. 按照行政职务称呼

这种称呼一般在较为正式的官方活动（如政府活动、公司活动、学术活动等）中使用，如"刘局长""王经理""杨董事长""唐校长"等。

2. 按照技术职称或学术头衔称呼

称呼对方的技术职称或学术头衔，表明被称呼者是该领域的权威或专家，暗示他在这方面有一定成就，具有较高的专业水准。如"张总工程师""王会计师""李教授"等。

3. 按照所从事的行业称呼

在不知道对方职务、职称等具体情况时，可采用行业性称呼。如"解放军同志""警察同志""护士小姐""张老师""王大夫"等。

4. 按照性别或普遍适用的"泛尊称"称呼

"泛尊称"是指对各行各业人士在较为广泛的场合中都可以使用的表示尊重的称呼，比如"夫人""先生""同志"等。在不知道对方姓名及其他具体情况(如职务、职称、行业)时，可采用"泛尊称"。对于从事商业、服务性行业的人，一般约定俗成地按性别的不同分别称呼"女士"或"先生"。

此外，一些表示亲属关系的称呼在人际交往中也可以采用，如"叔叔""阿姨"等。这样称呼对方，可以表示出你对对方的尊重。

（二）要区分具体场合

在不同的场合，应该使用不同的称呼。尤其是在重要场合，称呼一定要正式，不能随意。

（三）要注意入乡随俗

要了解并尊重当地的风俗，掌握当地的忌讳和敬称，恰当、礼貌地称呼他人。

（四）要尊重个人习惯

一个人适用的称呼可能有多个，但是一般要使用这个人认可的最为合适、较为喜欢的称呼。

另外，还应掌握生活中的称呼、工作中的称呼、外交中的称呼、称呼的禁忌。

二、称谓的运用方式 >>>>>>>>>>>>>>>>>>>>>>>>>>>>>>>>

一般来讲，生活中的称呼应当亲切、自然、准确、合理，工作或交际场合的称呼应当规范、严谨、就高不就低。

（一）称呼自己的亲属

称呼自己的亲属，一般应采用约定俗成的称呼，但有时为了表示亲切，不必拘泥于严格的标准。如对公公、岳父都可称为爸爸，对婆婆、岳母都可称为妈妈。亲家间为表示亲密、不见外，也可按小辈的称呼来称呼对方。但对外人称呼自己的亲属，一定要用谦称。称自己的长辈和年龄大于自己的亲属，可加"家"字，如家父、家母、家兄等；称辈分低和年龄小于自己的亲属，可加"舍"字，如舍弟、舍妹、舍侄等；称自己的子女，可称小儿、小女。

（二）称呼他人的亲属

称呼他人的亲属，一定要用敬称，一般可在称呼前加"令"字，如令尊、令堂、令郎、令爱等；对他人的长辈，也可加"尊"字，如尊叔、尊祖父等。

（三）朋友、熟人间的称呼

朋友、熟人间的称呼，既要亲切友好，又要不失敬意，一般可通称为你、您；或视年龄大小在姓氏前加"老""小"相称，如老王、小李。

学习笔记

（四）对长者的称呼

对长者，可用先生相称，也可在先生前冠以姓氏。对德高望重的长者，可在其姓氏后加"老"或"公"，以示尊敬，如郭老、夏公。

（五）职业场合的称呼

在工作岗位上，为了表示庄重、尊敬，可以职业相称，如张老师、李师傅等；也可以职务、职称、学衔相称，如刘总监、陈经理、宋教授、王博士等。

（六）社交场合的称呼

在社交场合对陌生人的称呼，男子不论婚否，可统称为先生；女子则根据婚姻状况而定，对已婚的女子称夫人、太太或女士，如不明其婚姻状况，以称女士为宜。对教育界、文艺界新相识的人都可敬称为老师。

（七）在非正式场合或向陌生人问讯时的称呼

在非正式场合或向陌生人问讯时，为表示亲近，可以亲属的称谓称呼对方，如叔叔、阿姨、伯伯、奶奶、阿公、阿婆等。

在我国，不论对何种职业、年龄、地位的人都可称作同志。

三、称谓的禁忌　>>>>>>>>>>>>>>>>>>>>>>>>>>>>>>>>>>>>

使用称呼时，一定要回避以下几种错误的叫法，否则会失敬于人。

（一）忌使用错误的称呼

由于粗心大意、不够了解或水平局限，对被称呼者的年龄、辈分、婚否以及与其他人的关系作出了错误判断，或者念错被称呼者的姓或名，都可能造成错误地使用称呼。要避免此类错误，一定要提前做好准备，必要时虚心请教。

（二）忌使用过时的称呼

随着时代的发展、社会的进步，称呼也会发生变化。如果不与时俱进，仍采用旧的称呼，难免贻笑大方。例如，我国古代对官员一般称"老爷""大人"，对丈夫一般称"官人""夫君"。若现在还照此称呼，就会显得滑稽可笑、不伦不类。

（三）忌使用不通行的地方性称呼

有些称呼具有一定的地域性，比如，北京人喜欢称人为"师傅"，山东人喜欢称人为"伙计"，中国人常把配偶称为"爱人"。使用称呼时，一定要考虑是否通行。离开了特定的地域，就不要使用地方性称呼，否则会引起误会。

（四）忌使用不当的行业称呼

学生喜欢互称为"同学"，军人经常互称为"战友"，工人常常互称为"师傅"，道士、和尚可以称为"出家人"，这样的称呼基本上能够得到界内、界外人士的认可。但以此去称呼界外人士，不仅不能表示亲近，还有可能不为对方所接受，显得轻薄无知。

学习笔记

（五）忌使用庸俗低级的称呼

在人际交往中，有些称呼在正式场合不宜使用，如"兄弟""哥们儿""姐们儿""老伙计""大哥""大姐""老大"一类的称呼。

（六）忌使用绰号作为称呼

不论与对方关系亲疏如何，都不要给对方起绰号，更不能以听来的绰号称呼对方。避免使用对他人具有侮辱性质的绰号。尊重一个人要从学会尊重其姓名开始，不要拿别人的姓名乱开玩笑，不要给别人乱起绰号。

（七）忌无称呼

无称呼就是对别人没有称呼。不称呼别人就没头没脑地跟人家搭讪、谈话，显得没有礼貌、教养，常常令人反感，所以要力戒。

（八）忌使用替代性称呼

替代性称呼，就是用非常规的称呼代替正规性称呼。例如，有些医院里的护士不叫患者的姓名，只喊床号(如"十一床")；某些服务性行业称呼顾客"下一个"；等等。这也是很不礼貌的行为。

（九）忌使用易引起误会的称呼

因为习俗、关系、文化背景等的不同，有些容易引起误会的称呼切勿使用。

（十）忌使用不适当的简称

有些简称如把王局长、李处长称为"王局""李处"，一般不易引起误会。但如果把朱连长、胡队长、范局长、傅科长称为"朱连""胡队""范局""傅科"，就易引起误会。

称呼是交际的开始与基础，使用不当，将直接影响双方的交往能否继续进行以及交往的深度。慎用称呼、巧用称呼、善用称呼，将使你赢得他人的好感，有助于双方的沟通、交流顺畅地进行。

学习任务 4
介绍礼仪

在日常生活和工作中，人与人之间需要进行必要的沟通，以寻求理解、帮助和支持。但交流、沟通的前提首先是相互认识，对于陌生人向自己搭讪，多数人有防范之心。所以，相识是交往的基础，而介绍是最直接、最有效的与他人相识、建立联系的方式。

相关链接

几位朋友一起去看演出，演出开始之前，他们聚在休息室聊对两个政治人物的看法。正说着，有个小伙子走了过来，对他们说"我看他们都不行"，接着就举例说明某人如何不行、某人又如何不行，滔滔不绝。在场的人看看口若悬河的小伙子，又看看周围的朋友，似乎在问：这是你的朋友？大家通过眼神交流确认无人认识此人后，便不约而同地离开了休息室，只留下聊兴正浓的小伙子。

这个小伙子在不作自我介绍、无人引见、无人认识的情况下闯入一群"陌生人"的谈话圈，是一种唐突、不礼貌的行为。

一、介绍手势 >>>>>>>>>>>>>>>>>>>>>>>>>>>>>>>>>>>

掌心向上，手背向下，五指并拢，以肘关节为轴，指向被介绍者一方，并向另一方点头微笑。无论是自我介绍还是介绍他人，介绍时的姿态都应当是使被介绍者面向对方，伸出手做出介绍的手势。

二、介绍的方式 >>>>>>>>>>>>>>>>>>>>>>>>>>>>>>>>

一般来讲，介绍的方式主要有三种：自我介绍、介绍他人、集体介绍。

（一）自我介绍

在社交活动中，想要结识某人或某些人但又无人引见时，可以采用作自我介绍的方式与对方相识。自我介绍的内容可根据实际的需要、所处的场合而定，要有明确的针对性。

第一，在某些公共场所和一般性社交场合，自己并无与对方深入交往的愿望，作自我介绍仅仅是向对方表明自己的身份。这样的情况只需介绍自己的姓名，如"您好，我叫××""您好，我是××"。有时，也可对自己的姓名的写法作些解释，如"我叫陈华，耳东陈，中华的华"。

第二，如因公务、工作需要与人交往，自我介绍应详细一些，包括姓名、单位、职务，无职务者可介绍从事的具体工作。如"我叫李××，是××公司的销售经理""我叫李×，在××大学从事教学工作"。

第三，在社交活动中，如希望给对方留下深刻的印象，让对方记住自己并进一步沟通与交往，自我介绍时除姓名、单位、职务外，还可提及与对方某些熟人的关系或与对方相同的兴趣爱好。如"我叫沈×，是××音像出版社的财务主管，我与您的夫人是同学""我叫李×，是××文化公司的经理。我和您一样，也是个球迷"。

第四，在讲座、报告、庆典、仪式等正规、隆重的场合向出席人员介绍自己时，还应加一些适当的谦辞和敬语。如"各位来宾，大家好，我叫王×，是××大学的教师，今天与大家分享一些自己在工作、科研上的心得，有不当的地方请给予指正"。

进行自我介绍时，要自然、亲切、随和，充满自信，语言简洁、清晰，语速适中，目光正视对方。在社交场合或联系工作时，自我介绍应选择适当的时间，当对方无兴趣、无要求、心情不好或正在休息、用餐、忙于处理事务时，切忌去打扰，以免尴尬。

（二）介绍他人

介绍他人是第三方为彼此不相识的双方引见的介绍方式。在一般情况下，为他人作介绍都是双向的，即第三方对被介绍的双方都作一番介绍。有些情况下，也可只将被介绍者中的一方向另一方介绍，但前提是前者已知道、了解后者的身份，而后者不知道、了解前者的身份。介绍他人时应该注意以下几个方面。

1. 确定合适的介绍者

介绍者通常是社交活动中的东道主，家庭聚会中的主人，公务交往中的礼仪专职人员，正式活动中的地位、身份较高者。如果熟悉被介绍的双方，又应一方或双方的要求，也可充当介绍者。

2. 符合双方意愿

介绍他人前应该先征求一下双方的意见，了解双方是否有结识的愿望，以免为原来就相识者或关系不好者作介绍，切不可贸然行事。介绍时，介绍内容根据实际需要而有所不同，一般只介绍双方的姓名、单位、职务。有时为了将一方推荐给另一方，介绍时可以强调其才能、成就，说明被推荐方与自己的关系，增进新结识的双方的相互了解与信任。介绍具体的人时要用敬辞，如"张小姐，请允许我向您介绍一下，这位是李先生"。同时，应该礼貌地用手示意，使用正确的介绍手势，而不要用手指去指点。

3. 注意介绍顺序

为他人作介绍时，要注意顺序。

(1)先把男士介绍给女士。在为年龄相仿的男士与女士作介绍时，最好把男士引导到女士面前，先把男士介绍给女士。

(2)先把职位低的人介绍给职位高的人。在社交场合，不分男女老少，一般以职位的高低作为社交礼仪的衡量标准，应先把职位低的人介绍给职位高的人。

(3)先把晚辈介绍给长辈。介绍同性别的人相识时，应该先把晚辈介绍给长辈，以此表示对长辈的尊敬。

(4)先把未婚者介绍给已婚者。一般情况下，应该先把未婚者介绍给已婚者。但是，如果未婚者明显年长，最好先把已婚者介绍给未婚者。

(5)先把主人介绍给客人。在主客双方身份相当时，应该先介绍主人，再介绍客人，以表示对客人的尊敬。

(6)先把非官方人士介绍给官方人士。有官方人士在场时，应当先介绍非官方人士，再介绍官方人士。

为他人作介绍时，由于场合、身份和需要的不同，介绍的内容和形式也会不同。既可以是正式场合中正规的标准式的介绍，也可以是社交中不拘一格的简要介绍，还可以是引见、推荐式的介绍，等等。介绍者应该热情、诚恳，身体姿态文雅大方。无论介绍哪一位，介绍者都应该使用规范的手势，切不可用手指指来指去。在介绍者为双方作介绍时，被介绍的双方均应起身站立，面带微笑，目视对方，显出高兴、专注的样子。介绍后，职位高的一方或年长者应主动与对方握手，问候对方，表示非常高兴认识对方等；职位低的一方或年轻者应根据对方的反应作出相应的回应。当双方身份相当时，均应主动、热情地对待对方。他人作介绍后，摆出一副看不起对方、装腔作势地应付的样子是失礼的，而低三下四、阿谀奉承也有失人格。这两种表现都是不正确的，都应该避免。

（三）集体介绍

集体介绍是介绍他人的一种特殊形式，指介绍者为他人作介绍时，被介绍的其中一方或者双方不止一个人。在需要作集体介绍时，原则上应参照介绍他人的顺序进行。通常在正式活动中和隆重的场合，介绍的顺序是礼仪的重点。因此，作集体介绍时应根据具体情况区别处理。

1. 被介绍双方职位相似时，应该"先少后多"

当被介绍双方职位大致相似时，应掌握一人礼让多数人、人数少的一方礼让人数多的一方的原则，先介绍一个人或人数少的一方，再介绍人数多的一方。

2. 被介绍双方职位不同时，应该"先低后高"

当被介绍双方的职位存在明显的差异，而且职位明显高者为一个人或人数少的一方时，应先介绍人数多的一方，再介绍职位高的一方。

3. 为人数较多的双方作介绍时，应该"先主后客"

被介绍双方均为多人时，应先介绍主方，后介绍客方。介绍各方人员时，则应由长而辅依次进行。

学习任务 5
握手礼仪

握手是一种常见的"见面礼"，貌似简单，却蕴含着复杂的礼仪细节、承载着丰富的交际信息：与成功者握手表示祝贺，与失败者握手表示理解，与同盟者握手表示期待，与对立者握手表示和解，与悲伤者握手表示慰问，与欢送者握手表示告别。掌握握手的礼仪，可以和语言、表情一起更准确地表达我们的情感。

相关链接

握手的起源

握手之礼起源于中世纪的欧洲，当时正是身着戎装的骑士大显身手的时代，骑士一个个头戴头盔、身披铠甲、腰挂利剑，就连双手也罩上了铁手套。这一身的装备，令所见之人敬畏。可遇见了亲朋好友，怎能还这般冰冷待人？于是骑士摘去头盔、脱下铁手套与之握手，同时向对方表示：我手中没有武器。握手就是这样兴起的。

从握手的兴起就可以看出，它是一种友好的信号，是善意、和平的表示。

一、握手的方法 >>>>>>>>>>>>>>>>>>>>>>>>>>>>>>>>>>>>>>

作为一种常规礼节，握手的具体方式很有讲究。具体操作中，应该注意以下几点。

神态：与人握手时，应当神态专注、认真、友好。在正常情况下，握手时应目视对方双眼，面带笑容，同时问候对方。

姿势：与人握手时，一般应起身站立，迎向对方，在距其约1米处伸出右手，握住对方的右手，上下晃动一两下。

力度：握手的时候，用力既不可过轻，也不可过重。若用力过轻，有怠慢对方之嫌；不看对象而用力过重，则会使对方难以接受而心生反感。

时间：一般来讲，在普通场合与人握手所用的时间以3秒钟左右为宜。时间太短，会给人一种敷衍之感。

二、握手的次序 >>>>>>>>>>>>>>>>>>>>>>>>>>>>>>>>>>>>>>

握手的先后次序很有讲究。一般情况下，讲究的是"长者居前"，即通常应由握手双方之中的长者首先伸出手来，反之则是失礼的。具体来讲：

第一，女士同男士握手时，应由女士首先伸手。女士伸出手后，男士才能伸手相握。

第二，长辈同晚辈握手时，应由长辈首先伸手。长辈伸出手后，晚辈才能伸手相握。

第三，上级同下级握手时，应由上级首先伸手。上级伸出手后，下级才能伸手相握。

第四，当一个人有必要与多人一一握手时，既可以由主而辅依次进行，也可以由近而远逐渐进行。

第五，宾主之间的握手较为特殊。正确的做法是：客人抵达时，应由主人首先伸手，以示欢迎之意；客人告辞时，则应由客人首先伸手，以示主人可就此留步。

三、握手的礼仪 >>>>>>>>>>>>>>>>>>>>>>>>>>>>>>>>>>>>>>

第一，一般应该站着握手，除非两个人都坐着。如果你坐着，有人走来和你握手，你必须要站起来。

第二，握手的时间通常是3～5秒。匆匆握一下就松手，是在敷衍；长久地握着不放，又未免让人尴尬。

第三，在任何情况下，拒绝对方主动要求握手的举动都是失礼的。只有在手上有水或不干净时可以谢绝握手，但同时必须作出必要的解释并致歉。别人伸手欲同你握手，而你却不伸手，是一种非常不友好的行为。

第四，握手时应该用右手，绝不能伸出左手。人们普遍认为，用左手与人相握是失礼之举。

第五，握手时不可以将左手放在口袋内或拿着东西不放下。

第六，握手时不能戴手套、墨镜。如果戴着手套，与人握手前必须摘下手套，只有女士在社交场合戴着薄纱手套与人握手才是被允许的。如果戴着墨镜，与人握手时一定要提前摘下墨镜，不然就有防人之嫌。

第七，握手时不要面无表情。

第八，握手时不要长篇大论。

第九，握手后不要立即揩拭手掌。

第十，用双手与人握手只有在熟人之间才适用。与初识之人尤其是异性握手时，两只手紧握对方的一只手是非常不妥当的。

第十一，在一般情况下，用以与人相握的手理应干干净净。以脏手、病手与人握手都是不应当的。

学习任务 6
交谈礼仪

卡耐基曾经说，现代成功人士 80% 都是靠一条舌头打天下的。由此可以看出，善于交谈(交流)是一个人成功的关键。

相关链接

一艘豪华游轮载着来自各国的观光客在海面上行驶，突然一声巨响，船触到了暗礁，随后开始慢慢下沉。船长命令大副："立刻通知那些游客们，穿上救生衣，马上从甲板上跳到海里。"几分钟后，大副回来报告："真急人，谁都不肯往下跳。"于是，船长亲自出马。说来也怪，没多久，这些游客们都顺从地跳到了海里。"您是怎样说服他们的呀？"大副请教船长。船长说："我告诉英国人，跳海是一项运动；我对法国人说，跳海是一种别出心裁的游戏；我同时警告德国人，跳海可不是闹着玩的！""你又是怎样说服那些美国人的？""那还不容易！"船长得意地说，"我说已经为他们办理了巨额保险。"

这是个笑话，然而包含了一个浅显的道理：说话的内容和方式应尽可能合乎对方的心理，这样才会取得令人愉快和满意的效果。

一、交谈的话题 >>>>>>>>>>>>>>>>>>>>>>>>>>>>>>>>

交谈的内容、话题应该选择既定的内容、个人擅长的内容和高雅、轻松、时尚的话题，不宜选择的话题有以下几种。

（一）个人隐私、忌讳的话题不宜谈

收入、年龄、婚姻家庭情况、健康状况等都属于个人隐私，不宜贸然谈论、打听。也不宜询问、打听他人的行动去向及私生活，否则会被视为失礼。

（二）令人不愉快的事不宜谈

交谈时，要有意识地选择那些能给人带来开心、欢乐、轻松的话题，切勿选择那些让人感到沉闷、压抑、悲哀、难过的内容，以免影响双方的情绪和谈话气氛。

（三）有关他人短长的话题不宜谈

议论他人短长是一种缺乏修养的表现，也是引发矛盾、挑起争端的罪魁祸首。所以，交谈时不要涉及此类话题。

（四）易引起争论的话题不宜谈

交谈中，有些话题应该避讳，否则可能使交谈变成辩论甚至是激烈的争论，不仅达不到沟通、交流的目的，还可能造成矛盾。所以，交谈要注意"求同存异"。

（五）自己或对方不熟悉的话题不宜谈

选择自己熟悉的内容，在交谈中可以驾轻就熟、如鱼得水，使对方认为自己谈吐不俗；选择对方熟悉的内容，既可以给对方发挥话题的机会，调动其交谈的积极性，也可以借机向对方表达自己的谦恭之意，是"取人之长，补己之短"的好机会。

无论选择什么话题，都不应当涉及对方一无所知的内容，否则会使对方感到尴尬难堪。

（六）对方没有兴趣的话题不宜谈

如果你选择对方有兴趣的话题，对方会兴致勃勃、敞开心扉。如果你以"我"为中心，滔滔不绝地说，而对方插不上话或不愿意回应，至多出于礼貌应付几句，则交谈很难深入。

（七）涉及机密的话题不宜谈

交谈的内容一定要符合国家及行业、机构的法律和法规，切勿违背相关的政策法规，切勿泄露机密。

（八）格调不高的话题不宜谈

交谈时应该选择高雅的话题，自觉地选择高尚、文明、优雅的内容，不宜谈论庸俗低级的内容。

二、交谈的礼仪 >>>>>>>>>>>>>>>>>>>>>>>>>>>>>>>>>>>>

（一）不打断对方的谈话

打断别人的谈话是非常不礼貌的行为，要让对方把话说完再发表自己的看法。如果确实想要插话，一定要征得对方同意，并且发言不可冗长，一两句点到即可。

（二）不补充对方的谈话

补充别人的谈话往往会给别人造成"你比我高明"的印象，从而引起别人的反感。因此，最好不补充对方的谈话。

（三）不纠正对方的谈话

不要纠正对方的谈话，除非有必要，否则会使对方难堪。

（四）不质疑对方的谈话

质疑可能会引起辩论甚至争论，使双方陷入僵局或对立。

（五）礼貌进退

参与别人的谈话之前应先打招呼，征得对方同意后方可加入。他人想加入己方交谈，则应以握手、点头或微笑表示欢迎。如果别人在个别谈话，最好不要凑上去听；若确实有事需与其中某人说话，也应等到别人说完后再提出要求。谈话中若有急事需要处理，应向对方说明并表示歉意。值得注意的是，男士一般不宜参与女士圈子的交谈。

（六）注意交流、互动

谈话是一个双向或多向交流、沟通的过程，需要各方的积极参与。因此，交谈时要避免出现"一言堂""独角戏"的局面，每个人都应有发表意见的机会；别人说话时要适时发表个人看法，用表情、动作予以配合，促进交谈的进行。

（七）语言要文明、礼貌

谈话时的语言要文明，多使用雅语、敬语、谦语、问候语(如您好)、请托语(加请字)、致谢语(如谢谢)、道歉语(如对不起、抱歉)、道别语(如再见)，不说粗话、脏话。

（八）精神要饱满

谈话时应精神饱满，表情要自然大方、和颜悦色，目光要柔和，让谈话气氛轻松、愉快、融洽。

📋 **相关链接**

常用礼貌用语顺口溜

与人相见说"您好"，求人帮忙说"劳驾"，向人询问说"请问"，
请人协助说"费心"，请人解答说"请教"，求人办事说"拜托"，
麻烦别人说"打扰"，求人指点说"赐教"，得人帮助说"谢谢"，
祝人健康说"保重"，向人祝贺说"恭喜"，看望别人说"拜访"，
希望照顾说"关照"，归还物品说"奉还"，无法满足说"抱歉"，
请人谅解说"包涵"，言行不妥"对不起"，慰问他人说"辛苦"，
迎接客人说"欢迎"，等候别人说"恭候"，没能迎接说"失迎"，
客人入座说"请坐"，临分别时说"再见"，中途先走说"失陪"，
请人勿送说"留步"，送人远行说"平安"。

三、谈话的禁忌 ▶▶▶▶▶▶▶▶▶▶▶▶▶▶▶▶▶▶▶▶▶▶▶▶▶▶▶▶▶▶▶▶▶

第一，切忌在公共场合旁若无人地高声谈笑，应顾及周围人的感受。

第二，切忌喋喋不休地谈论对方一无所知或不感兴趣的事情。

第三，应避开疾病、死亡、灾祸等令人不愉快的话题，以免影响情绪和气氛。

第四，不要问过于私人的问题，例如询问女性的年龄、是否结婚等，这是很不礼貌的行为。

第五，不要在社交场合高声辩论。

第六，不要出言不逊，恶语伤人。

第七，切忌在社交场合态度傲慢、自以为是、夸夸其谈。

第八，切忌与人交谈时左顾右盼，注意力不集中。

第九，交谈时切忌手舞足蹈。

第十，交谈前忌吃葱、蒜、韭菜等有强烈气味的食物。

相关链接

交谈中的"四有四避"

1. "四有"

一是有分寸：要做到语言得体，首先要做到语言有分寸。在明确交际的目的、知己知彼的前提下，选择恰如其分的言辞。说话不尖刻，不让对方为难，不使对方尴尬。

二是有礼节：语言的礼节中有五个惯用表达形式，它们表达了交际中的问候、致谢、致歉、告别、回敬。问候说"您好"，致谢说"谢谢"，致歉说"对不起"，告别说"再见"；回敬是对致谢、致歉的回答，可以说"没关系""不要紧""不碍事"等。

三是有教养：有教养是尊重和谅解别人，尊重别人的私生活与个人兴趣、爱好、习惯，对别人的缺点委婉而善意地指出，对别人的不礼貌或冒犯能够予以谅解、宽容大度。

四是有学识：在科技发达、高度文明的社会里，知识越发重要，富有学识的人会受到社会和他人的敬重。

2. "四避"

一是避隐私：隐私，是指不愿告诉人的或不愿公开的个人的事。在交谈中，避谈避问隐私是基本的礼貌要求。欧美人一般不询问对方的年龄、职业、婚姻、收入之类，否则会被认为是非常不礼貌的。

二是避浅薄：浅薄，是指不懂装懂、讲外行话、言不达意、言辞单调、词汇贫乏、语句不通、白字常吐，或者只知柴米油盐、张家长李家短。没有人能做万能博士或百事通，但每个人都应当学有专攻，尽可能地做到知识渊博。

三是避粗鄙：粗鄙，是指言语粗野甚至污秽，满口粗话、丑话、脏话。粗鄙言语是最无礼貌的语言。

四是避忌讳：忌讳，是指人类视为禁忌的现象、事物和行为。一般来讲，避忌讳的语言同它所替代的词语有约定俗成的对应关系。社会通用的避讳语也是一种重要的礼貌语言，它往往顾念对方的感情，避免触忌犯讳。

相关链接

一些重要避讳语的类型

1. 对消极事物的避讳。比如，关于"死"的避讳语相当多，就是与"死"有关的事物也要避讳，如把"棺材"说成"寿材""长生板"等。

2. 对人的生理缺陷的避讳。比如，现在对各种有严重生理缺陷者通称为"残疾人"，是比较文雅的避讳语。

3. 对道德、习俗不可公开的事物、行为的避讳。

四、交谈中的聆听 >>>>>>>>>>>>>>>>>>>>>>>>>>>>>>>>>>

交谈中的聆听非常重要，自古就有"少说多听"之说。聆听时要注意以下几点。

（一）要专心聆听

学习笔记

聆听时要专心致志，保持目光接触，仔细听清对方所说的话；不要三心二意、东张西望，否则会影响聆听的效果以及谈话人的情绪。

（二）要表现出聆听的兴趣

听与说是一个互动的过程，聆听时要积极鼓励对方畅所欲言，表达自己的思想；只有听话者表现出聆听的浓厚兴趣时，说话者才会有浓厚的谈兴，从而使谈话更加深入。

（三）聆听中要注意观察

聆听的同时，还要注意观察，俗话说"察言观色"，是很有道理的。人们在表达自己的情感、思想时，不仅会使用语言，也会有意无意地使用表情、动作等，从而生动、准确地表达心理活动。将说话者的言与行结合在一起分析，有助于我们理解他人的真实想法。

（四）聆听中要积极思考

许多人常以婉转的方式表达自己的想法，所以聆听的过程也是一个积极思考的过程。不能仅仅从字面上去理解对方的话，要"听话听声"，努力体察对方的情绪、动作、措辞、语调，敏锐地把握对方话语的深层含意。只有准确地把握了对方的真实想法，才能作出正确的判断，做到"善解人意"，赢得对方的尊敬，使人乐于与你交谈、交往。

五、交谈中的目光 >>>>>>>>>>>>>>>>>>>>>>>>>>>>>>>>>>

交谈时除注意语言、声音之外，姿态、表情也很重要。交谈中语气、神色、动作、表情等都要合乎规范，尤其是目光，会直接影响谈话的效果。如果交谈双方是正面相对，那么目光注视对方是一种起码的礼貌，以表示对对方的尊重。但注视并不等于凝视，直勾勾地盯着对方或目光在对方身上上下打量，甚至还跑到对方身后去，则会使对方惶惑不安，有话也不知该怎么说了。

一般来说，如果两个人在室内面对面交谈，距离最好在1～2米，目光注视对方胸部以上、额头以下部位；有时可能会出现谈话双方目光对视的情况，此时目光不必躲闪，慢慢移开就可以了；如果是许多朋友在一起交谈，讲话的人不能把注意力只集中在其中一两个人身上，要照顾到在场的每一个人；同时，与谁交谈或听谁谈话，就应把目光放到谁身上，让人感觉到你在与他交谈或他讲话时你正在关注着他。

六、学会幽默 >>>

要更好地与人沟通，还应该提高运用语言的技巧，学会使用幽默的语言。

在交谈中，幽默具有妙不可言的作用，是一种含蓄而充满智慧的言辞。幽默能活跃气氛，可以帮助他人或自己摆脱窘境、解除尴尬。在人际交往中，恰当地使用幽默的语言，能化解矛盾、活跃气氛、消除陌生感。

相关链接

联合国千年首脑会议在纽约联合国大楼内举行。按照会议规定，每位国家元首只能在主席台上发言 5 分钟。轮到马尔代夫共和国总统加尧姆先生发言时，只见他直截了当地说："主席先生，我只有 5 分钟的时间，因此，我的发言将简单明了。首先我祝贺您担任千年首脑会议主席的职务，并祝贺秘书长向会议提交了一份出色的报告。我将用下面的 4 分 37 秒谈谈我们国家对新千年的一些关切和希望……"听到这里，全场发出一片笑声。国家元首和政府首脑们原本就对 5 分钟的限制"心存不满"，加尧姆总统独特的开场白顿时吸引了全场的注意力，并在场内产生了共鸣。在发言结束时，加尧姆总统又幽默地说："现在我只剩下 30 秒钟了。我们最后应该作出承诺，去拯救我们的地球。如果我们不作任何承诺就离开这个会议大厅，这将是一种遗憾。虽然我在台上的发言时间结束了，但我祝愿我们国家存在的时间永远不会结束！"这一前后呼应的发言赢得了全场的热烈掌声。

幽默的语言不仅仅是言谈技巧的问题，还是一个人的智慧、胸怀、性格、学识等因素的综合体现。因此，要运用幽默的语言，关键在于丰富、充实、完善自己。

相关链接

说话应该注意什么

以下 12 点是由心理学家归纳出来的最易引人反感的说话态度。

(1)抱怨自己的命运及生活遭遇，夸耀自己的优点与成就。

(2)喜欢扮演心理分析家，对所有人的言行都要作分析，寻找对方说话的动机。

(3)自我膨胀，以夸耀掩饰自己的缺点。

(4)不聆听他人的意见。

(5)言谈冷淡单调，缺乏热忱。

(6)过分取悦别人，近乎阿谀奉承。

(7)毫无主见，人云亦云，表达肤浅幼稚。

(8)视自己为焦点人物，一副"舍我其谁"的狂妄态度。

（9）言谈态度暧昧，模棱两可。

（10）喜欢咬文嚼字。

（11）经常打断别人的话题，败坏他人谈话的兴致。

（12）过度谦虚。

学习任务 7
拜访与聚会礼仪

相关链接

张林是某学校办公室的一名干事，有一次，领导让他负责与来本校参观访问的某校代表团进行联络。为了表示对对方的敬意，张林决定专程去对方下榻的饭店拜访。

他先用电话与对方约好了见面的时间，并且告知自己将停留多长时间。随后，他对自己的仪表进行了修饰，并准备了一些印有本市风光的明信片作为礼物。

张林如约而至，进门后，他主动向对方问好，并与对方握手表示欢迎，随后作了简要的自我介绍，并双手递上自己的名片与礼物。寒暄后，他便直奔主题，表明自己的来意，详谈后便握手告辞。

作为负责接待的工作人员，张林的表现非常符合拜访的常规礼仪，展示了他训练有素的交际能力。

张林不仅为这次拜访做了许多准备工作，而且在拜访中还注意了许多细节，可谓礼貌而周到，表现出良好的礼仪素养。

一、拜访礼仪 >>>>>>>>>>>>>>>>>>>>>>>>>>>>>>>>>>

拜访是日常生活、工作中最常见的交际形式，也是联络感情、增进友谊的一种有效方法。拜访礼仪是每个人必备的礼仪常识。

要想在拜访中做到礼貌、得体，就必须注意拜访的细节。

（一）私人拜访

1. 拜访要选择对方方便的时间

拜访前最好事先和对方约定，以免扑空或扰乱主人的计划；也可以不事先约定，但要注意不能给主人带来不便。拜访时间可以选在假日的下午或平日的晚饭后，避免在主人休息或吃饭的时间登门拜访。约定时间后，不要失约或迟到；如不能前往，一定要设法通知对方，并向对方郑重道歉。

拜访外国人时，切勿未经约定便不邀而至；尽量避免前往其私人居所拜访；约定拜访的具体时间通常应当避开节日、假日、用餐时间、过早或过晚的时间，以及其他一切对方认为不方便的时间。

拜访时要准时赴约，这不仅是个人诚实守信、办事高效的体现，也是对拜访对象尊重、友好的表现。拜访时间的长短应根据拜访目的和主人的意愿而定，通常宜短不宜长。

2. 到达被访人所在地时，一定要讲究敲门的艺术

敲门不宜太重或太急，一般轻敲两三下即可；要用食指敲门，力度适中，间隔有序地敲三下，等待回音。如无应声，可稍加力度，再敲三下；如有应声，应侧身立于门框一侧，待门开时再向前迈半步，与主人相视、问好。切不可不打招呼擅自闯入，如果门开着，也应敲门或以其他方式告知主人有客来访。

3. 一般的拜访，穿着整洁、朴素、大方即可，不必过于华丽

蓬头垢面、衣冠不整是对主人的不敬，去庆贺喜事或是拜访老人、尊者更应讲究一些。但切不可过于华丽，否则有炫耀之嫌。

4. 当主人开门迎客时，客人主动向主人问好，互行见面礼节

主人开门后，客人应该主动向主人问好，互相行见面礼。进门后，客人应将外套、雨具等物品放到主人指定的地方，不可乱放；对室内的人，无论认识与否，都应主动打招呼。客人的问候与行礼在先后顺序上要合乎礼仪惯例：先长后幼，由近及远。如果客人带孩子或其他人来，一定要介绍给主人，并教孩子如何称呼别人。

倘若自己到达后，主人这里还有其他客人，应当先询问主人自己会不会影响他人的拜访；如果主人不让座，不能随便坐下；如果主人是年长者或上级，主人不坐，自己不能先坐；主人让座之后，要说声"谢谢"，然后应采用规范的坐姿坐下。后来的客人到达时，先到的客人应该站起来，等待介绍或点头示意。

5. 在主人的引导下，进入指定的房间，切勿擅自闯入

在主人家里，不要随意脱衣、脱鞋、脱袜；未经主人允许，不要在主人家中四处乱闯或"参观"，不要随意乱翻、乱动、乱拿主人家中的物品。

主人递上烟、茶，要双手接过并表示谢意；如果主人没有吸烟的习惯，要克制自己的烟瘾，尽量不吸，以示对主人的尊重；主人献上果品，要等年长者或其他客人动手后自己再取用；即使在朋友家里，也不要过于随便。

6. 和主人交谈时，应注意掌握时间

客人必须要与主人商量或向主人请教时，应表明来意，不要东拉西扯、浪费时间，谈话时间不宜过长；告辞时，要向主人表示对"打扰"的歉意，要同主人和其他客人一一告别并说"再见""谢谢"；出门后，回身主动伸手与主人握别，可说"请留步""请回"等告别语；待主人留步后，走几步再回头挥手致意。

（二）公务拜访

1. 拜访前的准备

在拜访之前，一定要明确自己的拜访目的，做好必要的资料准备和辅助工作。对对方可能提出的问题应理清思路、明确应答方式与策略，并与对方商定拜访时间，避免突然造访。在对方毫无准备的情况下拜访是非常冒昧的行为。

2. 见面的礼仪

与对方见面的时候应该主动开口，以亲切、和蔼的语调向对方打招呼；如果

📝 学习笔记

是第一次见面，应该先向对方作一下简单的自我介绍，也可以递上自己的名片，谦虚地说："这是我的名片，谢谢您的约见。"交谈时，拜访者应该尽力创造良好、轻松、愉快的谈话气氛，以拉近彼此的距离，同时要注意自己的表情和语言。

学习笔记

3. 告别的礼仪

拜访结束，应向主人表示对"打扰"的歉意；出门时，应主动伸手与主人握别，说"请留步，再见"。告别程序千万不能省略，切勿之前注意了一连串的礼仪，却在结束拜访时忘乎所以，这样有可能使整个拜访前功尽弃。

二、聚会礼仪 >>>

聚会是现代社会中常见的一种交往形式，对于很多人来说，这种社交活动是难得的与他人相识、联络感情的机会。为了能够在各种类型的聚会中出入得体，需要注意一些基本的礼节。

（一）舞会

参加舞会要注意仪表举止，以表示对主人的尊重。邀请别人跳舞时，要真诚大方；跳舞时，举止应把握好分寸，不要引起对方或其他人的反感；舞曲终结后，男士应说"谢谢"，女士也应表示谢意；在谢绝别人的邀请时，应尽可能委婉。

（二）庆祝会

参加庆祝会一定要把握好"喜庆"的原则，不能过于拘谨、古板或严肃。在一些正式的庆祝会上，参与者一定要注意相应的礼节。例如，给老人祝寿时，晚辈应注意言谈举止；选择座次时，应听从主人的安排，不要"先入为主"；选择礼品时，也要考虑庆祝会的特点。

（三）其他聚会

聚会形式还有许多，如茶话会、纪念会等。

所有形式的聚会都要求参与者举止得体，不喧宾夺主、哗众取宠，应该表现得落落大方、谦恭得体、文雅礼貌。

思考与练习

一、简答题

（1）选一个公共场所，细心地观察那里的人，体会他们之间不同的距离、不同的言谈举止，说一说给你带来什么样的感受。

（2）在公共场所应该怎样规范自己的举止？

（3）应聘面试时，你认为站（坐）在离考官多远的位置比较合适？

（4）在道路上行走时，应该注意哪些规范？

（5）上下楼梯、自动扶梯时，应该怎样做？

（6）设置几种不同的情形，说明乘坐轿车时你应该坐在哪个座位。

（7）称呼他人应该注意哪些问题？

(8)常规称呼有哪几种？

(9)自我介绍有哪几种形式？在作自我介绍时应注意哪些问题？

(10)为他人作介绍时，如何确定介绍的先后顺序？

(11)一次联谊会上，你的朋友王燕(女)想请你介绍她与你的同学张明(男)相识，请问你应该怎样作介绍？

(12)你的三位朋友到你家做客，应该怎样介绍她们与你的家人相识？

(13)假如你到某个单位联系有关事宜(单位、事宜可以自己设定)，你准备怎样作自我介绍？

(14)握手的礼仪有哪些？

(15)设置一些场景和不同身份的人物，按照礼仪的要求用正确的方式行握手礼。

(16)交谈中选择话题应该注意哪些？

(17)交谈中应该怎样聆听？

(18)公务拜访应该注意哪些？

(19)私人拜访有哪些礼仪规范？

(20)和同学聚会时，在礼仪方面应该注意哪些？

二、选择题

(1)作为交谈一方的听众，下面哪一句话最入耳？

　　A. 你懂不懂呀？　　　　　　　B. 你听懂没有？

　　C. 你听明白没有？　　　　　　D. 我说清楚了吗？

(2)下面是某商场营业员对顾客的问询，哪一句最能让顾客接受？

　　A. 你要什么？　　　　　　　　B. 你要干什么？

　　C. 你要买什么？　　　　　　　D. 你要看点什么？

(3)在社会活动中的各种交谈中，下列哪些主题应当忌谈？（多选）

　　A. 个人隐私的主题　　　　　　B. 捉弄对方的主题

　　C. 非议他人的主题　　　　　　D. 倾向错误的主题

　　E. 令人反感的主题

三、判断题

(1)交谈礼仪是个人内在素质的体现，也是尊重他人和尊重自己的体现。

(2)能说会道的人在任何场合都是受欢迎的交谈者。

(3)交谈的内容可以根据自己的需要、喜好来选择。

(4)交谈时，要先了解、打听对方的个人情况，如年龄、工作单位、职位、爱好等。

(5)拜访他人必须有约在先。

(6)做客的时候，如果与主人关系很亲密，可以不用敲门直接进入。

四、案例分析题

(1)一天早上，小华起床晚了，眼看就要迟到了。幸好，一进办公楼的门，就看到电梯刚好停留在一楼。小华紧跑几步，急匆匆地上了电梯。就在电梯门即将关上时，听到有人喊"等等"，小华等人像没有听到似的，任由电梯上行。电梯到达三楼时，上来一位老者与两个年轻人，但此时却听到电梯的超载报警声。小华心想，我有急事，不能下去。于是，他就闭目养神，装作没有听见。良久，老者走出电梯，电梯继续向上运行。

试分析小华及两个年轻人的行为有何不妥。

(2)与成功失之交臂

乔·吉拉德向一位顾客推销汽车，当顾客准备付款时，另一位推销员跟乔·吉拉德谈起了昨天的足球赛。乔·吉拉德一边跟这位推销员谈着足球，一边伸手去接顾客的钱款。不料顾客却突然掉头而去，连车也不买了。后来，乔·吉拉德才明白，顾客在付款时谈起了自己的儿子考上大学一事，而他却和同伴谈着球赛。最终，乔·吉拉德与成功失之交臂。

请分析乔·吉拉德这次交易失败的根本原因是什么。

(3)一元钱，还想买态度？

在一辆公共汽车上，乘客与乘务员发生了争吵：

乘务员：喂！你们几个往里走，堵在门口干什么？

乘　客：你说谁呢？

乘务员：笨蛋！听不明白吗？就说你们几个，往里走，堵在门口干什么？

乘　客：你凭什么骂人！态度就不能好一点吗？

乘务员：态度？态度多少钱一斤？

乘　客：刚才我不是跟你说了嘛，我到下一站就下车。

乘务员：我不也跟你说了嘛，你花一元钱，还想要什么态度？

请分析该案例中乘客与乘务员言谈的不妥之处。

(4)年轻人问路

一位年轻人到洞林湖风景区旅游。那天天气炎热，下车后，他走得筋疲力尽、口干舌燥，仍不见洞林湖的影子，不知距目的地还有多远。举目四望，远处走来一位老人，年轻人非常高兴，待老人走近，他张口就问："喂，这里离洞林湖还有多远呀？"老人目不斜视地回了他两个字："五里。"年轻人听后又来了精神，快速向前走去，可是走了好几个五里，洞林湖仍不见踪影。他恼怒地骂起了老人，责怪老人骗了他。

请问：老人为什么没告诉年轻人到洞林湖的真实距离？

五、情境练习题

(1)在教师的指导下，全班同学分成若干个谈话组和倾听组，进行谈话与倾听的练习。

(2)在教师的指导下，全班同学分成若干个小组，根据指定题目(也可以自拟题目)，结合交谈礼仪围绕主题展开交谈。交谈结束后，由其他同学对每个小组的交谈过程、话题、语言等内容进行点评。

学习反思

专题四
学校礼仪

学习目标

通过本专题学习，你应该能够实现以下目标。

1. 掌握上课开始前至结束过程中学生应具备的尊师礼仪。

2. 掌握在校园中路遇老师时应有的礼仪。

3. 掌握进出老师办公室的基本礼仪。

4. 了解与老师日常交往的礼仪。

5. 了解与同学交往的礼仪。

6. 掌握升旗仪式礼仪。

7. 了解校园集会礼仪。

8. 了解在校园中观看演出，在图书馆、阅览室，在学校餐厅，在宿舍的基本礼仪。

尊师重道是我们中华民族的传统美德，老师授人以"德""才"，教人做人之道以及学业、技能和为人处世的行为规范，使我们一生受益。因此，古训中有"一日为师，终身为父"的说法。学师德，谢师恩，人不敬师视为忘恩。在现代，尊师的外在礼节形式有所不同，但内在的品德修养是一致的，正所谓"德行于中，礼形于外"。

师范生既是现在的学生，又是未来的教师，现在在学校中知礼、懂礼、用礼，将来才能言传身教、传承礼仪。

相关链接

曾子避席

"曾子避席"的故事出自《孝经》。曾子是孔子的弟子，有一次，他在孔子身边侍坐，孔子问他："以前的圣贤之王有至高的德行、精妙的理论，用来教导天下之人，人们就能和睦相处，君王和臣子之间也没有矛盾，你知道是什么吗？"曾子听了，知道老师是要传授他知识，于是立刻从坐着的席子上站起来，走到席子外面，恭恭敬敬地回答道："我不够聪明，哪里能知道？还请老师把这些道理教给我。"在故事中，"避席"是一种非常礼貌的行为。曾子听到老师要向他传授知识时，便站起来走到席子外面向老师请教，是为了表示他对老师的尊重。

学习任务 1
课堂礼仪

学生在学校学习知识、技能，开阔视野、传承文化、收获精神财富，课堂是最主要的场所。从学生的角度来说，课堂礼仪规范是尊重教师、尊重教师劳动的具体表现之一，也是学生培养、提高自身礼仪修养的重要过程与重要途径。

📎 学习笔记

一、学生课前准备的礼仪 >>>>>>>>>>>>>>>>>>>>>>>>>>>>>>

（一）教室环境

营造一个窗明几净、整洁舒适的教室环境是课前准备的基本工作。在前一天的学习结束后，应打扫教室，保证桌面、地面、讲台、黑板、窗台等干净清洁，课桌椅排列整齐，劳动工具有序摆放在固定位置，教室墙面张贴物等美观、整洁，讲台物品摆放有序等。此外，当天的课程开始前，每一位同学还应养成以下良好习惯。

第一，每天进入教室开始一天的学习前，将课桌椅用微湿抹布擦干净，学习用品摆放整齐。如果有饭盒、雨衣、雨伞一类物品，也应有序放置，保证个人以课桌为中心的学习小空间的整洁。

第二，课桌上不应摆放过多书本等，更不要摆放与课堂无关的物品，保证每节课的需要即可。课后应及时调换下一节课的用书。

第三，垃圾不能随手乱扔，可在课桌边沿挂小件垃圾袋，课后及时扔进垃圾桶。

第四，不在教室内吃早饭、水果、零食等。

（二）个人精神状态

课前应调整好自己的精神状态，保证以积极、良好的心态进入学生的角色。

第一，着装。学生在校内应着校服并保持校服的整洁。校服即学校的制服，反映出学生对学校生活的态度、对身份的认同、对集体的认同。此外，在教室内绝对不该佩戴首饰，不戴帽子，不穿吊带衫、拖鞋、高跟鞋等。

第二，上课预备铃响后，应停止课间活动，准备好该节课用品，入座静候老师。注意处理好个人事务及班务，如到老师办公室、交作业等，均应在课间完成，预备铃响后应快速回到教室。

二、学生上课过程中的礼仪 >>>>>>>>>>>>>>>>>>>>>>>>>>>>>>

（一）上、下课仪式

第一，上、下课铃响后，对老师行注目礼，待老师宣布"上课""下课"后，由学生代表用语言示意大家起立，所有同学说"老师好""老师再见"及鞠躬向老师行礼。行礼时，均应停止手中的事情，注意整齐划一，态度诚恳专注。

第二，万一迟到，应在门口致歉，喊"报告"并静立，得到允许后轻声回到座位。注意开门、关门、行走、入座等不能发出噪声，表达对老师、同学及课堂氛围的尊重。

第三，下课后，学生应礼让老师先离开后再离开教室，有外来老师听课时更应如此，除非老师在班级中有事停留。

（二）上课过程中

第一，认真听讲是第一要素。如有问题需要请教老师，先要举手并得到允许；需要问同学问题，应在课下进行。举手要注意选择时间，以不打断老师讲课为原则。

第二，在单独回答老师的问题时，无论会与不会，均应起立，身姿端正，经老师允许后再坐下。

第三，对老师的讲课和作业、试卷的批改等有质疑需提问或探讨时，应选择课后或其他时间进行。

第四，课堂上不随意抢话、插话，在老师授意下的起立、坐下、行走到讲台上或黑板前等动作幅度要小、动作要轻。

第五，在上课过程中，听讲、做笔记、练习、做作业等都应专心，这是对老师教学的尊重及课堂学习的基本要求，也有利于自己身心成长。在课堂上不做与课堂无关的事，交头接耳、搞小动作、看课外书籍、做其他学科作业均是非常失礼的，也是违背学校规范的行为。

三、学生上课结束后的礼仪 >>>>>>>>>>>>>>>>>>>>>>>>>>>>>

上课结束，有一个短暂的休息时间，处理事务应以不耽误下节课上课为标准。此外，休息时不喧哗、不吵闹，不相互追逐打闹，保持教室良好的学习氛围；爱护教室设施、设备，维护教室卫生；礼貌对待课间来访的老师、他班同学、家长等。

学习任务 2
师生交往礼仪

师生关系是教师和学生在教育、教学过程中结成的相互关系，包括彼此所处的地位和相互对待的态度等。师生关系中，教师和学生在人格上是平等的、在交互活动中是民主的、在相处的氛围上是和谐的。

教育关系是师生关系的核心，此外，还包含在生活上、情感上、心灵上的交融与沟通。学生在校园中的人际交往对象主要为老师和同学。

相关链接

几个低年级的同学肩并肩、有说有笑地走着，迎面走来一位老师，他们互不认识。当这位老师走到这几个同学身边时，其他人仍旧在说笑，只有一个同学恭敬地鞠了一躬，说了声"老师好"。老师当然也很高兴，回答了一句"你好"。此时，其他同学都没哼一声。等老师走过去之后，有的同学说那个同学好笑，不认识的老师还给鞠躬；有的同学说他根本是装样子的，是给别人看的。那个同学没有反驳他们，只是说了一句：做一个有礼貌的学生是最基本的要求。我正走在他们身后，听了这句话非常感动，为那个同学的真诚而感动。一个人懂礼貌，真的是很难得的品质。

——摘自一网友日志

一、与教师交往的礼仪 >>>>>>>>>>>>>>>>>>>>>>>>>>>>>>>

师生间的交往以彼此尊重为基础，具体体现是多方面、多层次的。在与教师的交往中，学生要注意礼仪。

（一）路遇有礼

1. 打招呼的礼仪

（1）主动行礼：在校园内见到老师，无论是不是自己的任课老师、无论是否认识自己，都应主动问候，常用"老师好"来打招呼。

（2）与老师打招呼的语言一般根据不同场景有不同的方式：早上问候"老师早"，放学时说"老师再见"，用餐前后说"老师用餐愉快"，参加活动后可说"老师辛苦了"，同时路遇几位老师可说"老师们好"，等等。

（3）对认识的任课老师，应记住并称呼老师的姓，如"王老师好"。

（4）与老师打招呼时，应停止跑动，暂停和同学说笑、哄闹，不能一边吃东西一边打招呼，应面带笑容、真诚热情。

2. 行走路遇的礼仪

（1）在空间较小的过道、走廊遇到老师时，应放慢走路的速度，稍微侧身，面对老师微笑、打招呼；在老师身后行走，要超越老师时，从左侧行走，与老师并排时同样放慢走路的速度，稍微侧身。有两位老师同时行走时，注意不要从老师中间穿过。

学习笔记

(2)在楼梯上应靠右行走，遇到老师并要和老师短暂对话时，应及时调整自己的站位，一般站在比老师低一级的台阶上，不要堵住楼梯，也不要身位过高而对老师形成俯视。

(3)在较窄小的空间、门口或人较多的地方遇到老师时，应礼让老师先走。

（二）进出教师办公室礼仪

办公室是老师工作的地方，学生会经常进出老师的办公室，这里也有许多应当注意的礼节。

1. 进出门

进办公室前用食指轻轻叩门，连续两声，稍作停顿后喊"报告"，得到允许后进门；如果进门前门是关着的，进门后也应顺手把门轻轻关上；如果进门前门是开着的，则不必关上。出门亦是如此。进出办公室时，走路、动作都应轻些。

2. 在办公室内

(1)礼貌地和老师打招呼，如有其他老师看着你时，也应礼貌地称呼老师。

(2)在办公室内和老师交谈应站立，老师请你坐下时再坐下；说话音量适中，不能影响其他老师的工作。

(3)谈话结束后和老师礼貌道别，记得把座椅放回原处。

(4)到办公室交作业、拿东西等，要自然地用双手递接。

(5)要找的老师不在时，不能随意翻动老师的物品、抽屉等。

(6)没有要紧的事，一般不要在老师进餐、中午休息时进出办公室；若在休息时间找老师，应事先和老师约好并按时到达。

📋 相关链接

一般情况下，无论是进出办公室大门还是各类办公楼大门，都应用手轻推、轻拉、轻关，发出噪声是十分失礼的，同时态度要谦和，讲究进出顺序。进他人的办公室前，一定要先敲门，敲门时一般用食指有节奏地敲两三下即可。

如果与同级、同辈者进入，要互相谦让一下。走在前边的人打开门后，要为后面的人拉着门。假如是不用拉的门，最后进来者应主动关门。如果与尊长、客人同时进入，应当视门的具体情况随机应变。

朝里开的门：应自己先进入拉住门、侧身，再请师长、尊者进入。

朝外开的门：应先打开门，侧身站在门外，再请师长、尊者进入。

旋转式大门：应自己先迅速过去，再在另一边等候师长、尊者。

无论进出哪一类的门，在接待引领时都一定要"口手并用"且到位，即运用手势要规范，同时要说诸如"您请""请走这边""请各位小心""小心路滑"等礼貌用语。

（三）与教师的日常交往

学生与老师除了以教育、学习为中心形成的交流与交往，还有生活、情感等方面的交流。学生们通常更愿意较多地与自己比较喜爱和亲近的老师和自己年龄相仿的年轻老师接触，但无论如何，"尊师"的礼仪形式是不可忽略的。值得注意的有以下几点。

第一，"尊师"是我国乃至世界各国都有的道德规范，也是我们自身文化、内在修养的体现。"尊师"是没有时间和空间区别的，无论在校内还是校外，无论是现在还是毕业以后，对待老师都应有礼有节、尊重有加。

第二，和自己的老师交流生活、家庭、情感等方面的问题时，不要打听、议论老师的私生活与隐私，也不要打听其他老师、同学的隐私。这不仅是基本的礼仪要求，也是常规的道德规范。

第三，对老师相关的看法、处理事情的方式有意见或有疑问时，应真诚地说出自己的想法、充分地交流。诚恳的交流是最佳的问题解决方式。

第四，在校园内，除了老师之外，对其他工作人员如职员、工友、门卫等也都应谦恭有礼、礼貌相待。

✎ 学习笔记

二、与同学交往的礼仪 >>>>>>>>>>>>>>>>>>>>>>>>>>>>>>>>

在学校的学习、生活中，同学之间的交往是主要的人际交往形式。每个人天生就有一种归属感，希望得到伙伴的认同、集体的接纳，希望得到别人的关心和支持。同学之间相处时，是否容易接纳别人和被别人接纳、能否受到广泛欢迎、相互交往是否和谐愉悦，往往预示着今后在各种社会交往中的成功与否。所以，应重视与同学交往的规则、礼仪，主动加以锻炼，把它作为在校学习的一门必修课来看待。

（一）相互尊重，平等互助

同学之间和谐、融洽的交往是在相互尊重、平等互助的基础上形成的，是一种平等关系的体现，其核心是尊重以及满足相互尊重的需要。人际交往是双向的，理解换来理解，尊重赢得尊重。你满足别人的需要，别人也会对你予以同样的回报。

1. 尊重同学的人格和自尊心

人格是构成一个人的思想、情感及行为的特有统合模式，这个独特模式包含了一个人区别于他人的稳定而统一的心理品质。人人都有独立的人格，有强烈的自尊心。人格都是平等的，应给予充分的尊重与理解。

2. 尊重同学的隐私

无论是在校外、家庭中还是在校内的学习、生活中，同学都会有各自的隐私，相互间都应给予应有的尊重。不乱翻同学的物品，不偷看他人邮件、信件、日记等，不议论"私事"，不散布"小道消息"。这也是对自己道德品质的要求。

（二）求同存异，真诚友善

在同学中，常会有一些人的兴趣爱好和自己比较接近，对事情的看法比较相似，性格也相投，这样会比较自然地相互接纳和亲近；也常会有一些人各方面和自己差异较大，不易形成亲密的关系，这是正常的现象。每个人由于家庭背景、生长环境、成长道路不同，会产生不同的性格特征，有时在待人接物方面的差异也很大。所以，应学会求同存异，用真诚友善对待每一位同学。

1. 善于了解

既要善于了解自己，也要善于了解他人。与不同性格的同学相处，要善于站在对方的角度考虑和理解事情，在客观、正确了解的基础上理解、体谅对方。与同学看法不同时，要经常换位思考，学会以各种友好的方式进行交谈、沟通，加深彼此的友谊。

2. 善于接受

在集体生活中，大家彼此了解、彼此接受、相互关爱，有助于形成团结友爱、健康进取的良好氛围，让每一位集体成员在其中找到归属感，在成长的过程中集体受益。要接受别人，首先要有一颗宽容的心，摆正自己的位置，善于发现、欣赏他人身上的闪光点。

（三）加强内在的道德修养

受大家欢迎的人大多具备良好的品质与教养，在待人接物中总能严于律己，总能体谅、关注别人，总能识大体、顾大局，往往在不知不觉中就建立了自己良好的信誉。所以，加强内在的道德修养是根本的道理。

相关链接

起外号引发同学矛盾

你有过"语言伤害"的体验吗？你怎么看这个问题？

在学校中，一些"语言伤害"来自同伴。许多学生表示，同学互相起外号，有的同学被激怒而发生冲突，更多被起外号的同学出现了不同程度的心理压抑和痛苦。

同学观点一：同学之间不该互相起外号。因为，如果被同学起了外号，其他同学会跟着叫你的外号。那么，你的心情会很难过，也会影响自己的学习和同学之间的团结。

同学观点二：同学之间起外号是亲近的表现。

同学观点三：虽说有的外号会让同学们彼此之间觉得更加亲切，但有些同学给别人起的外号是含有贬义的，部分同学甚至用脏话给别人起外号。这样，对方会感到很反感，彼此也会疏远。

专家观点：尊重别人是行为准则。

同学之间相互称呼外号是一种亲昵的举动，但是这要看外号起得是否恰当。有的外号对对方而言是一种赞赏或表扬，并非含有贬义。比如，称爱学习的同学为"小学究"，叫班上年纪最小的同学为"小不点儿"。这些外号不仅不会让人感到反感，还会让人觉得受到了宠爱，有利于建立良好的同学关系。说不定这些外号还会成为一个人难忘的回忆，甚至会跟随他一生。

但是，如果给同学起的外号是嘲笑对方的甚至是具有侮辱性的，就是对别人的不尊重，应该禁止。

学习笔记

学习任务3
校园公共场合礼仪

一、升降旗仪式礼仪 >>>>>>>>>>>>>>>>>>>>>>>>>>>>>>>>

中华人民共和国国旗是中华人民共和国的象征和标志。《中华人民共和国国旗法》第十四条规定："举行升旗仪式时，应当奏唱国歌。在国旗升起的过程中，在场人员应当面向国旗肃立，行注目礼或者按照规定要求敬礼，不得有损害国旗尊严的行为。"根据教育部的有关规定，学校除假期外，每周举行一次升旗仪式，重大节日、纪念日或重大活动，也要举行升旗仪式。

升降国旗是在一种严肃、庄重的气氛和场合中进行的，在礼仪方面有严格的规定。参加升降国旗的仪式时，要自觉遵守有关的礼仪规则。

（一）升旗时所有在场人员都要肃立

无论什么人，在什么场合，当主持人宣布奏国歌、升国旗仪式开始后，都要面向国旗肃立，行注目礼或按规定要求敬礼。一律脱帽，并摘下太阳镜。坐在主席台上的贵宾也要和观众一样起立，而在场内忙碌的工作人员应立即停下手中的工作，在原地站立，身体转向旗杆方向，等待升旗。凡经过现场的人员都应面对国旗，自觉肃立，待升国旗完毕后，方可自由活动。

在学校，一般周一早晨举行升旗仪式，所有师生要遵守礼仪规范。

第一，升旗时，列队要整齐，所有的人都要保持安静，不能随意走动、谈话、东张西望。如果因特殊情况迟到，当升旗和奏国歌时，也应立即停止走路，立正注视国旗，等升旗完毕后才可以继续行走。

第二，校服整洁，脱帽，不应将书包背在身上。

（二）面向国旗行注目礼时仪态要庄严

升旗仪式是一个非常严肃的隆重的仪式，国旗象征着一个国家的尊严，一个人对国旗的尊重应体现在仪态上。升国旗时应唱国歌，并注意仪态：身体直立，昂首挺胸，双手下垂靠拢身体两侧，保持立正姿势，眼睛要始终望着国旗，目光随着国旗冉冉升起而移动，持续到升旗仪式完毕。

（三）降旗与降半旗

降旗仪式由经过培训的旗手每天傍晚时进行，仪式内容不限，但不能将国旗落地。降旗时，在现场或路过的人员应自觉地停下、肃立至降旗结束。

降半旗是一个国家行为，一般是在某些重要人士逝世或重大不幸事件、严重自然灾害发生时用来表达全国人民的哀思和悼念。按照国旗法的规定，需要降半旗时，先将国旗升至旗杆顶，再缓缓下降至旗顶与杆顶之间的距离为旗杆全长的1/3处。

📖 **相关链接**

学校升国旗仪式程序

一、升国旗程序

（一）宣布升国旗仪式开始

1. 出国旗

奏出旗曲《歌唱祖国》，旗手（1 名）肩扛国旗，护旗（2～8 名）在旗手两侧，按节奏由出旗点正步走向旗杆。

2. 升国旗，奏国歌

在国歌伴奏下，旗手将国旗徐徐升起，必须将国旗升至杆顶；国歌伴奏带应音调准确、保证质量。

3. 唱国歌

唱国歌时，态度庄重，声音嘹亮。

4. 国旗下教育

（1）国旗下讲话：国旗下讲话可由校领导、党团员及优秀学生代表或邀请先进人物作简短而有教育意义的讲话。国旗下讲话要认真准备，保证质量。

（2）自主教育活动：根据学校教育重点，适当安排合理的教育活动。

（二）宣布升国旗仪式结束

二、升国旗要求

（一）每星期一早晨应举行升国旗仪式，寒暑假、恶劣天气除外。

（二）重大节日、纪念日及重要集会应举行升国旗仪式。

（三）因特殊情况在室内举行升国旗仪式同重大节日、纪念日及重要集会的升国旗仪式要求相同，可不安排出旗。

（四）旗手、护旗要由各班推选代表轮流担任，经过严格训练后方可执行升降旗任务。

（五）每日傍晚静校前，由旗手和护旗降国旗。国旗降下后，由旗手放到指定位置存放。

（六）各校要按照规定按时升（降）国旗，不得无故擅自取消升国旗仪式。

（七）国旗应由专人定时清洗，确保国旗整洁，如发现破损应及时更换。

（八）各校要建立升（降）旗日志制度，由专人负责管理。

二、集会礼仪 >>>>>>>>>>>>>>>>>>>>>>>>>>>>>>>>>>>>>

各种性质、各种规模的集会是比较常见的校园活动。从性质上看，有纪念性集会、庆典性集会、动员性集会、学习性集会、表彰性集会、宣传性集会等；从规模上看，有大型集会、中型集会、小型集会等；从形式上看，有晨会、报告会、讲座、演讲等。

校园集会一般在操场、礼堂内进行，有特定的礼仪规则。

（一）精神面貌良好

集会是一种正式活动，参加集会前仪容仪表要端庄，按要求着装；任何集会都不能穿背心、短裤、吊带装、拖鞋；在室内应脱帽，不戴墨镜；展示良好的精神面貌，以表示对集会的尊重。

（二）遵守集会秩序

根据集会举办的场地，提前 5～15 分钟进场。人数较多的大型集会，一般列队进入指定位置。进入集会地点后，应安静等候，做好准备。

集会时，不带手机、随身听、课外书籍、零食等物品，不随意走动，不提前退场。集会结束后有序离开，服从统一指挥。

（三）尊重发言者

保持认真的态度、保持精力集中、对发言内容积极反馈，是对集会发言者最好的尊重。无论话题或活动是不是你感兴趣的，都应表现出良好的礼仪修养。

学习笔记

三、观看演出的礼仪 >>>>>>>>>>>>>>>>>>>>>>>>>>>>>>

（一）入场

观看演出时，应提前 15 分钟到达演出地点，以便提前找到自己的座位。演出一旦正式开始，观众不宜再陆续入场。因此，如果迟到，最好在幕间入场；如果没有幕间，则入场时要放轻脚步，旁边的观众协助自己入座时，应该致谢。

在寻找座位时，只能按号就座，不要随意占位。如果别人占了自己的座位，可以礼貌地出示入场券进行说明或请服务人员调解，避免发生口角或冲突。

（二）观看演出

演出过程中不得随便走动，手机静音或关机，不要接听电话，不要拍照、摄像；不要把演出现场当作自己的私人空间，吃零食、水果都是极不礼貌的。

观看演出时，帽子应脱下，以免妨碍后面的观众。坐姿要端正，不要左右晃动。不要把脚踩在他人椅面上或蹬在他人椅背上，不能坐在座位的扶手、椅背上或垫高座位。演出没有结束时，不得起立。

在演出场所要保持安静，在演出过程中不宜进行交谈。如果要交谈，可在演出开始前、中场休息时或演出结束后进行。谈话的内容和语言应文明，忌粗俗。

观看演出时，要尊重演员的劳动。每一位演员表演结束，都要热烈鼓掌，但要把握好时机和分寸。看戏时，每一幕结束时鼓掌；听音乐、歌曲等时，在一曲终了之后再鼓掌。只有在演出结束时，掌声才可以经久不息。

观看演出时，不宜中途退场；即使有急事，也必须在幕间或一个节目结束时退场。提前退场不仅会影响别人的观赏，也是对演员的不尊重。

演出全部结束后，应当起立鼓掌，可以在演出谢幕时给演员送花。

（三）退场

演出结束后，不要急于退场，应礼让领导、来宾、老师先走；男同学让女同学先行，互相谦让；不高谈阔论，不拥挤抢道。

四、图书馆、阅览室礼仪 >>>>>>>>>>>>>>>>>>>>>>>>>>>>>

图书馆、阅览室是安静看书、学习的公共场所，"静"是此类场所最突出的礼仪特点。

（一）安静

"静"字常作为警示贴在图书馆、阅览室的显目位置，也准确归纳了在图书馆、阅览室应遵守的礼仪。要保持图书馆、阅览室的安静，就要遵从礼仪规范中"走路轻、说话轻、动作轻"的"三轻"原则。

进入图书馆、阅览室走路要轻，避免出现鞋跟摩擦、撞击地面的声音；拉动座椅要轻，入座、起座要轻，翻看书刊要轻。

在图书馆、阅览室内要尽量少说话，遇到同学、朋友最好以点头微笑的方式打招呼；如果确实需要与同学交换意见，应附耳低语、简洁明了，较长时间的讨论应到室外进行；手机要静音，不要接打电话。

此外，在图书馆、阅览室的门口、门外、走廊等地方也应保持安静，不要喧哗吵闹。

（二）整洁

在图书馆、阅览室看书、学习，个人的仪表要整洁，哪怕是在晚间、休息日，也要符合在公共场所的着装要求、讲究个人礼仪。

保持馆内环境的整洁。不要边看书边吃东西，否则不仅影响他人阅读、破坏学习气氛，还易弄脏图书；离馆时，要把书刊放回原处，不能随便放在桌子上；废弃的纸张应自觉地扔进馆内的垃圾篓或带到馆外扔到垃圾箱内；自觉地把桌椅复归到原位；雨雪天进馆时，应注意把雨具放在指定的位置，还要把鞋底弄干净。

（三）遵守规则，恭敬礼让

进出图书馆、阅览室，办理相关手续时，应自觉排队；如果借还书的人很多，要耐心等待，不可催促工作人员，也不可走来走去；借还书时，应双手将书递到工作人员手中，并使用礼貌用语，保持良好的礼仪风范。

爱护图书馆、阅览室的公共财物和设备。不摇动桌椅，不在桌、台上乱刻乱画，更不可将公共图书据为己有或将书中的插图、书页撕下来，也不能在借阅的书上画线、折页、写字、做标记。

五、餐厅用餐礼仪 >>>>>>>>>>>>>>>>>>>>>>>>>>>>>>>>>>>

校园内的餐厅因用餐时间集中、人数众多而比较拥挤，创造一个文明有序、安静雅致的就餐氛围，需要每一位就餐者有礼有节。

（一）讲究用餐秩序

用餐前要自觉排队，排队是日常生活中常见的约定俗成的礼仪规则。在各种公共场合如乘车、买票、购物、进出场所等，人们能否自觉有序地排队是衡量一个社会文明程度的基本尺度之一，也充分体现了个人的文明素养。

自觉排队、避免拥挤与任何形式的插队不仅是文明就餐的需要，也是个人素质的体现。

（二）讲究用餐礼仪

在校园餐厅用餐要注意基本的用餐礼仪，可参见本教材专题五相关内容。此外，还应特别注意以下几点。

礼貌待人。要尊重餐厅工作人员的劳动，不要当着餐厅工作人员抱怨饭菜不好；如果有必要的话，可以以婉转的方式提建议，或按照规定到相关部门反映。打好饭菜后，要注意别溅到别人的衣服上，如不小心溅到，要礼貌地致歉；就餐时，不要抢占座位，如座位旁边已有人，应先征得对方同意，方可入座。

文明用餐。不要在餐前排队时、用餐过程中喧哗，遇见熟人、同学不要用大声叫嚷来打招呼；在规定的区域内用餐；如果与师长一起就餐，则要请师长先入座。

注意用餐卫生。吃东西或喝汤时要小口吞咽、闭嘴咀嚼，尽量不发出响声；骨、刺以及无法吃的东西不要随便乱吐，可以放到餐具里，不将废弃物遗留在桌面上；用餐完毕，主动带走自己的餐具，及时将桌面腾出来，让给后面需要就餐的同学。

爱惜粮食，不浪费饭菜。

六、宿舍礼仪　>>>>>>>>>>>>>>>>>>>>>>>>>>>>>>>>>>>>>>>

宿舍是学生在学校生活、住宿的场所，是学生在学校的"家"，是同学们公共的"家"。它既有每个人的私人空间，也有大家共同生活的公共空间，是反映学生生活情趣、精神文明和礼仪修养的重要窗口。在宿舍尤其要注重文明礼仪。

（一）遵守宿舍既定的规章制度

从安全和卫生的角度、培养学生自理能力的角度、保证住宿同学正常生活的角度出发，宿舍都设有具体、详细的作息时间和规章制度。有了这些制度的约束，宿舍生活才会井井有条。所以，首先要遵守宿舍既定的规章制度，理解、服从管理，做到自觉自律。

（二）有良好的卫生习惯

讲究个人卫生，勤洗澡、勤换洗衣服、鞋袜，被褥要叠整齐。个人物品如衣服、盥洗用具、学习用品等，要整齐地放置在规定的地方。换下的脏衣服、鞋袜要及时清洗和晾干。个人重要的书籍、笔记和较贵重物品，不要随手乱放。注意点心、零食、水果等食品，随手用的毛巾、碗筷和学习、娱乐用品等要及时收拾，以保持宿舍内的整洁。

（三）有较强的和谐共处意识

宿舍也是公共场所，以一切个人行为不打扰别人为基本礼仪原则。在宿舍里，按时起床、熄灯、就寝。平时不高声谈笑。听音乐或广播时尽量使用耳机或把音量调低。不随便使用、翻动或移动别人的物品。借用他人的东西要征得物主的同意，用后要及时归还。夜间就寝后上下床动作要轻，尽量不要开灯，以免影响他人休息。尽量不要坐在同学的床位上，若需要坐时，要征得该床位同学的同意，离开时应恢复原样。去其他宿舍，应主动向其他同学打招呼。在其他宿舍不可坐太久，以免影响其他同学的正常生活。

关心他人、尊重他人，礼让三分，遵守公共道德。

相关链接

某幼儿师范高等专科学校的宿舍管理制度

为了给学生创造一个良好的生活环境，把学生宿舍建成文明、卫生、安静、安全的生活场所，使学生健康成长，特制定我校宿舍管理制度。

第一，每层楼选楼长一人，每个宿舍选舍长一人，负责安排值日、协助班主任及舍管老师工作。

第二，值日老师管理好宿舍纪律，认真核准住宿人数，发现未请假而不在宿舍的要及时追查并报值日领导。

第三，非放假时间未履行请假手续，不准擅自外出。确因事外出的，必须向班主任请假。请假条一式两份，一份由班主任保管，一份到舍务室登记后交舍务室保管。

第四，爱护公共设施，学生对自然损坏的物品要及时报修；故意损坏公物的，按规定给予处理。学校分配给个人使用的床、衣柜由个人负责保管，不得私自调换床和衣柜。

第五，自觉维护宿舍的安全和秩序，不得带贵重物品回宿舍。

第六，做到宿舍人走灯灭，按时关灯；严禁私自使用电器，不准私设灯头；要节约用水。未经同意，不准擅自开宿舍空调；空调遥控器由专人管理，其他人员不准擅自开关空调。违者要追究责任并严肃处理。

第七，自觉维护宿舍内部及宿舍走廊、楼梯的卫生，禁止乱倒污水、杂物。不得随地吐痰、燃烧废纸，不得随地泼水及向窗外扔、倒垃圾。遵守定位就餐规定，严禁打饭回宿舍吃，更不能将一次性餐盒带进宿舍。一经发现将严肃处理。

第八，保持室内整洁，床铺、物品摆放有序，不准在墙壁上涂写、刻画，乱钉乱锤，乱拉铁丝、绳子。

第九，要遵守作息时间，上课时间不准回宿舍，有事或有病必须出示班主任签名的请假条或病假条（由医务室开出）。

第十，双休日不在校住宿，必须填写回执单，回校后交给舍长，由舍长交给班级生活委员。生活委员收齐后，统一于周一前交给舍管老师。不回家的学生不用填写回执单，未履行请假手续的学生晚上10点之前必须回宿舍。

第十一，讲究公共道德，不准在宿舍内吸烟、饮酒、滋事、跳舞、赌博、喧哗、开生日晚会等。平时要保持室内安静，不影响他人休息；不准有任何不文明的言行，进入他人宿舍和使用他人物品应经过允许。

第十二，注意安全、防火、防盗。不得携带火柴、打火机及易燃、易爆物品进入宿舍。

第十三，进宿舍时要轻声细语，避免追逐打闹，不爬阳台、不登高；在宿舍走廊、楼梯行走要文明，自觉靠右慢行。

第十四，每天整理好自己的床铺和物品，毛巾、脸盆、水杯、牙膏、鞋子、衣服及床上用品按规定摆放好。

第十五，学校设有舍管老师维护宿舍纪律，全体住宿生必须服从舍管老师的管理，不得顶撞、谩骂舍管老师。违者给予纪律处分，严重者取消住宿资格。

校学生工作部

×年×月×日

思考与练习

(1)课堂礼仪包含哪几个方面？具体有何规范？

(2)在老师办公室时要注意哪些礼仪事项？

(3)与同学的日常交往中应注意哪些基本礼仪？

(4)升旗仪式中要遵守哪些礼仪规范？

(5)参加集会时应注意的礼节有哪些？

(6)从礼仪的角度谈一谈你如何看待图书馆中张贴的"静"字。

(7)在校园餐厅中用餐要讲究哪些礼仪？

学习反思

专题五
公务活动礼仪

学习目标

通过本专题学习，你应该能够实现以下目标。

1. 了解办公室礼仪的内容。
2. 理解办公室环境礼仪及具体做法。
3. 掌握办公室内的个人形象礼仪要求。
4. 掌握办公室内的日常接待礼仪。
5. 掌握接打电话礼仪。
6. 了解一般性的会议接待礼仪。
7. 了解宴请礼仪及参加宴请的礼仪。
8. 掌握中餐、西餐用餐礼仪。
9. 了解馈赠礼仪并懂得具体要求。

  人在社会化过程中需要学习的东西有很多，而社交礼仪、公务礼仪、职业礼仪等是必不可少的重要内容。任何一个生活在某一礼仪规范环境中的人，都自觉或不自觉地受到该礼仪的约束。在公务活动中自觉地接受礼仪约束的人，会被人们认为是"成熟"和"符合社会要求"的人。

相关链接

  张丽大学毕业不久，幸运地成为办公室一族，每天的工作非常忙碌。稍稍熟悉了工作环境之后，她在办公室就成了一道"独特的风景线"。原来，她的办公桌实在是太乱了：堆满书、杂志、纸张、笔，还有喝剩的饮料瓶、半开的零食袋子、吃了一半的梅子、巧克力及糖果包装纸；除电脑前一小片是干净的之外，其他地方一层灰白，键盘上贴着大头照；各种垃圾在垃圾篓中一放就是几天，散发出怪味。旁边的同事有时看不下去，悄悄地替她抹了几次桌子、倒掉垃圾，她却浑然不知。她还经常在办公室和同学、朋友打电话，在电话中大声说笑，引来同事们的不满。渐渐地，她说的话也没人爱搭理，往往说了上句没人接下句，气氛很奇怪。直到有一天，隔壁的主管走过来狠狠地批评了她一通，她才有所反省。

学习任务 1
办公室日常礼仪

学习笔记

这里说的办公室有两层含义：第一层含义是指企事业单位的独立行政部门，如区政府办公室、厂办公室、校办公室等。它是企事业单位等各种社会机构、社会组织进行内部组织管理、沟通协调与外部联络、处理各种对外事务的重要部门，承接着大量的公务往来与接待工作。办公室工作人员的业务水平、接待工作能力、礼仪形象等因素直接关系到本组织的形象、声誉及相关利益关系。

第二层含义是指单位员工自己工作、办公的场所。工作人员在办公室内除进行特定的业务性、事务性工作外，也不可避免地有着迎送往来的接待与商谈工作。随着社会文明的发展，办公室区域内健康进取的工作氛围和工作人员良好的个人形象都是构建和谐的人际沟通、社会交往与树立良好职业形象的重要渠道，是展现本组织整体形象的重要组成部分。

教师办公室除了是教师进行业务工作的场所外，也是教师教育学生、接待家长与各类访客的重要场所，是展现教师职业形象的重要途径。

一、办公室环境 >>>>>>>>>>>>>>>>>>>>>>>>>>>>>>>>>>>

（一）整洁干净的环境卫生

1. 设施设备

办公设备摆放井井有条、科学合理，不仅有利于提高工作效率，也会给来访者留下良好的印象。办公桌椅、橱柜、电脑、电话等物品应保持整洁。有条件的话，可以在办公室适当的空间内摆放绿色植物或盆景。墙面可用绘画或工艺品来点缀与美化，但宜少不宜多，既可保持办公场所的严肃性，又可体现本部门工作人员的素质与修养。卫生清洁用具摆放于固定位置，每一位工作人员均有及时清洁与整理的义务与责任。

2. 物品摆放

值得注意的是，在办公室内特别是个人办公桌上，文具、书籍、文件、纸张等物品摆放要整齐，私人物品不宜暴露在外，尤其不应将食品、化妆品等随意放在桌上。杂乱无章的办公桌既不利于教师对学生进行身体力行的教育，也会使来访者对教师的职业态度产生不信任感。可在办公桌设专门的抽屉放置私人物品。

（二）健康和谐的工作氛围

1. 声音

办公室是工作人员静心工作的地方，保持安静也是职业素质的体现。职业礼仪有三轻：说话轻、走路轻、操作轻。避免喧哗，交谈时不影响他人；走动、操作设备、用品时均应抑制噪声，体现尊重他人、尊重环境的礼仪规范，以创造和谐的工作氛围。

2. 空气

浑浊、有异味的空气让人心生烦躁与厌恶，所以保持室内空气的清新非常有必要。定期、定时开窗以便于空气流通，在室内不吃容易散发出异味的食物，忌过重香水味，慎用空气清洁剂，空调出风口及电风扇避免对人直吹。良好的空间氛围能使人心情愉悦，也有利于与来访者进行沟通与交流。

二、办公室中的个人礼仪形象 >>>>>>>>>>>>>>>>>>>>>>>>>>>

本教材在专题二中详细地介绍了个人礼仪修养的基础规范要求，这里着重从职业活动的角度提出个人形象的礼仪要求。

（一）整洁大方的仪容仪表

整洁大方、略加修饰的仪容仪表，除了能体现出一个人的品位、气质、修养外，还能表明一个人的良好工作态度和对他人的尊重。

1. 仪容

面部应做到洁净、自然、清爽，有着良好的精神状态。女性工作时应化淡妆即工作妆，可弥补因疲劳、熬夜造成的脸色不佳，但要淡雅适度，不可刻意化浓妆和过分做作；男性应做到净面剃须，保持卫生干净。

2. 仪表

工作时间内的个人仪表要求不同于居家、休闲或纯粹的社交场合，凸显的是着装及饰品的职业性、社会性特点。

在着装上，教师首先应考虑整洁、大方、得体。整洁，即要清洁、卫生、平整，不穿有漏洞、掉扣、有污渍的衣裤；大方、得体，即要符合身份，并与自身的特点相协调，最好选择合身的、简约雅致的职业装，不穿过紧或过松的衣服，春夏季不穿露、透衣服等。其次还要考虑便于上课(如动作示范)等教学活动的开展。

在工作时间内，教师佩戴饰品以少而精为原则，起到画龙点睛的作用即可。

（二）端庄得体的仪态举止

在办公室区域，站、坐、行、蹲、手势等仪态举止不仅体现出个人的气质风度，还体现出个人的职业态度与职业形象。

1. 观念上的重视

在公务活动中，一言一行都体现了个人的工作态度和职业素养，甚至体现了所在组织的文化氛围和整体形象。它是专业能力和业务水平都不能替代的重要素质体现。

2. 行动上的重视

按照仪态举止礼仪要求有意识地训练自己的仪态举止素养，形成自然状态，这是能够受益终身的良好习惯。此外，在办公室日常举止礼仪中还要注意以下几个方面。

(1)走路轻。行走时宜稳重而轻盈，缓步而行。不宜晃动身体，也不宜蹦蹦跳跳或鲁莽冲撞。忌因鞋跟摩擦或撞击地面发出很大的噪声。办公室空间狭小，行走时要注意照顾他人，"礼让三分"，相遇时侧身相让。

(2)坐着办公或与人交谈时腿脚不要抖动，保持端庄的坐姿，移动座椅应轻缓、轻声。有领导、长者或来访者前来交谈时，应暂停手中的工作并主动起身以示尊重。

(3)办公室区域内的交谈宜轻声，不应长时间闲聊家常，更不要议论是非。尤其是有学生、家长或其他来访者在场时，不说闲话，不发牢骚，不做有损自身形象和有悖职业道德的事。

三、办公室常规性来访接待礼仪 >>>>>>>>>>>>>>>>>>>>>>>

常规性来访接待是指就某些具体的、有针对性的事务进行一般性接洽与交谈，来访者人数较少、时间较短，有预约性和临时性之分。来访者无论是何种身份，只要不是本单位的人，来到办公室都是客人，均应尽主人之道，通过热诚招待展示自己的气质、风度。常规性来访接待应注意以下几个方面。

（一）迎接礼仪

热情相迎既是对来访者的尊重，也能引起对方对你和你的工作环境的好感，更能营造出良好的交流氛围。

第一，客人进门时，手头工作应暂时停下，起身迎接以示尊重。对于上级、长者、来宾，应起身上前迎候；对于同事、员工，除第一次见面外，可以不起身。

第二，若客人是初次来访，应先作自我介绍，主动握手，了解对方来访的意图，并记住对方的姓名、身份等，多用敬语招呼。

第三，引领对方入座，有沙发的让座到沙发(沙发的尊位顺序是先中间长座，后单人座)，然后是办公椅。对方坐下后，自己再入座。注意保持适当的交谈距离，不宜过近或过远。

第四，主动奉茶，注意茶具的洁净，右手端水杯下部，左手轻托杯底，双手递上。如果是有柄的茶杯，不要自己拿杯柄，应将杯柄对着客人的右手一侧，双手轻放在对方的右前方，以便对方接拿。"七分茶、八分酒"，茶水不要斟满，注意及时续水。

第五，握手、称呼、让座、奉茶时，还要遵循长者先、职务高者先、女性先的原则。

（二）接待过程礼仪

在与来访者交流过程中，除应注意交谈礼节、交谈技巧外，还应注意态度诚恳、始终礼貌等。

第一，注意交谈的语音、语调，不影响办公室内其他人。

学习笔记

第二，交谈如被电话或他人打断时，应礼貌地向来访者打个招呼或致歉，并快速处理，避免冷落来访者而失礼。

第三，自始至终保持得体的仪态举止。

（三）送客礼仪

送客时除了必要的道别用语之外，还应注意基本的礼节。

第一，等对方起身之后再起身相送，一般视情况将客人送至办公室门口、走廊尽头、大门口。如并排走，注意走在对方的左侧。

第二，如有必要，在相送的过程中可介绍经过的本单位场所、建筑等。如果客人路途较远，可主动介绍周围的车站、道路等交通情况。

第三，送走客人后，应及时收拾接待物品、将座椅复归原处等，但不要在客人尚未离开时收拾。

学习任务 2
电话礼仪

固定电话与移动电话已成为现代社会必不可少的最为便捷的通信工具，无论个人生活还是公务往来，电话在其中都起着重要的作用。良好的电话礼仪与娴熟的电话语言沟通技巧在办公室日常工作中显得尤其重要，也是个人礼仪素养、职业礼仪的重要组成部分。

✎ 学习笔记

一、接电话 >>>>>>>>>>>>>>>>>>>>>>>>>>>>>>>>>>>>>

（一）及时

"铃声不过三"，电话响时应及时接听，铃响不要超过三遍。如果确实因客观原因未能及时接听，拿起电话首先要有致歉语。值得注意的是，即使就在电话旁边，也不要在铃声刚刚响起第一遍时就接，以免对方措手不及、显得唐突。

（二）自报家门

接电话时应第一时间说礼貌用语"您好"，并主动自报家门。如是外线，告知对方单位全称及部门名称；如是内线，告知对方部门名称及本人姓名，以让对方优先知情。

（三）记录

接公务电话有时有必要及时记录，通常办公桌上、电话旁边应备有电话记录单及笔，一手拿话筒、一手记录。记完后向对方重复一遍，以确认无误。

（四）接待客人时

如果正在与人交谈时电话铃响，接听前应招呼在先、礼貌致歉；如和领导、长者交谈时电话铃响，招呼语应为征询性语言，以示尊重。此时通话应简洁，不宜长谈。如需长谈，可告知对方稍后会主动打过去。

（五）转接时

如果是转接电话，应一边用手轻捂话筒一端，一边礼貌、及时地通知对方要找的人。注意不要因为是一个办公室的同事就随意大声喊叫，不要叫接话人的小名、绰号等。如果接话人不在，应及时告知来电人，并向对方征询能否代为转告。

相关链接

转接电话拿着话筒和放下话筒一个样

"喂，王姐，你的电话，是个男的。"小赵接了一个电话，大声地招呼王姐过去接电话。整个办公室的人都听到了有个男的找王姐，大家都抬起头来看着她。王姐非常不好意思地过去接电话。

很多人在拿着话筒时，通常比较注意自己的语言，会说："您找哪位？请您稍等。"放下话筒找人时，就往往忘记了对方也能听见，于是变得口无遮拦，就像上面的案例中那样，说"是个男的"，或者说"一个有外地口音的人""一个声音挺娇的小姑娘"等。对方在电话里听到这些话时，会感到不愉快。因此，转接时同样要用礼貌的方式叫人，或者用手捂上话筒，注意隔音。

二、打电话 >>

（一）做好通话准备

学习笔记

打电话之前，首先应确认电话号码。如果事情较多，应先拟好提纲，以保证清晰无误地表达完整。除非事先约好，否则不要在早晨上班前、中午休息时及下班后打公务电话。如果事情比较严肃或重要，还应有技巧性地选择时间，比如对方上班一小时后或下班一小时前。

其次应做好通话前的思想准备，让自己精神饱满，并且注意通话形象。

（二）自报家门

电话接通后，首先要自报家门，说清要求谁接电话。

（三）通话结束

通话结束后，应礼貌地等待对方先挂电话后再轻挂电话，切忌过重、随意地扔下话筒。

三、移动电话 >>>>>>>>>>>>>>>>>>>>>>>>>>>>>>>>>>>>>>>

移动电话运用场合更加广泛。使用移动电话时，除了要遵从一般的电话礼仪规范之外，还要注意下列事项。

（一）注意移动电话噪声

这是文明使用移动电话的最基本的礼仪规范。

1. 通话的声音

在接打电话时，本人说话应轻声，在安静的场合不打扰别人，在公共场合也不能肆无忌惮地大声讲话。在背景嘈杂的环境中尽量长话短说，或移至安静地方再打电话，或告知对方等自己到安静的环境中再打来。移动电话有一定的私密性，以不影响他人为原则。

2. 电话的铃声

在某些场合，应将移动电话调成静音或振动状态，必要时还应关机。

（二）接打移动电话应专心

电话可能在你工作、吃饭、走路等各种时候打来，虽然对方看不见你正在进行的动作，但是出于尊重和责任，还是应暂时停下手中的事情专心接电话。

第一，不要在通话时随意和其他人打招呼和讲话，这对于通话的对方而言是非常失礼的。

第二，如果是开会等场合，原则上不应接电话，即使是重要来电也不能马上接听，应离开会场到室外接听。

第三，如果正在走路，条件允许的话，应尽量停下来，站在路的一侧专心接电话。

值得注意的是，无论是固定电话还是移动电话，都是和对方非面对面地沟通与交流，彼此看不见表情与肢体语言，通话者的态度、修养等都是通过声音和语言来传达的。所以，要同时注意塑造好接打电话时的语音、语调、语速等。

（三）不能使用移动电话的场合

目前，许多公共场所禁止使用移动电话。这些场所大体包括：会议室、演讲厅、戏剧院、音乐厅、博物馆、美术馆、图书馆、画廊、教堂、寺庙、考场、教室、看守所、监狱、工厂生产线，以及专业机密部门、党政机关办公室、政治军事会议场所等。

> **相关链接**
>
> 要注意安全使用移动电话。一般来说，在飞机舱内必须关闭移动电话（在飞机上使用移动电话会干扰电子操作系统，危害飞机飞行，危及乘客安全）；在爆石工地禁用移动电话，以防信号触爆；为安全起见，勿在驾驶途中使用移动电话；在加油站里，必须把移动电话或其他通信器材关掉；要注意防止话机及密码被盗等。

学习任务 3
会议礼仪

会议是人类特有的聚众议事的活动方式。出席会议和为会议服务都需要掌握必需的礼仪。

相关链接

　　某房地产公司成立20周年庆典大会安排在新建成的××花园广场举行。公司邀请了政府领导、行业领导、媒体记者出席。庆典仪式上将向公司优秀员工颁发奖状，同时宣布××花园二期开盘。庆典会场彩旗飘扬、气球条幅高挂，主席台后方背景板上印制了某房地产公司成立20周年庆典大会的会标，下方印有公司名称并标注汉语拼音，背景图是××花园一期。会议前一周，邀请函全部发出。

　　庆典大会开始时正逢高温天气，场内露天就座的员工酷热难耐。一位重要领导还迟到了十几分钟，大会为此又推迟了一段时间。大会开始后，主席台上有的领导在交头接耳。有员工发现背景板上公司名称的汉语拼音出现了错误，大家议论纷纷。宣读获奖员工的姓名时，一位员工的名字被读错，又引发一阵哄笑。大会的整体效果因为这些问题而受到影响。

一、有关会议的礼仪 >>>>>>>>>>>>>>>>>>>>>>>>>>>>>>>>>

（一）出席会议的礼仪

学习笔记

1. 出席会议的人都应该注意自身形象

　　仪表与服饰能够反映出席会议者的精神面貌，体现出个人良好的生活习惯和素质修养，体现出对主办方和其他出席者的尊重和礼貌。衣着不整就出席会议是缺少修养的不文明表现。

　　出席会议者衣着应该整洁，以穿着正规套装为好，不要穿过花、过短、过透、过紧的衣服。要注意服装款式和色彩的搭配以及佩饰与服装的搭配。与会者在会议室内不要戴帽子和墨镜。

　　会议期间注意对仪表进行自我检查，随时弥补缺失，保持良好的个人形象。

2. 出席会议要遵守会场纪律

　　出席会议应准时入场，有序进出，不争抢，不拥挤。依会议安排落座，不随意更换座位，自觉维护会场秩序。开会时，要认真阅读会议下发的材料，以便全面了解会议情况，掌握会议主旨。会议中，要聚精会神，认真倾听大会发言，不交头接耳，不私下谈笑，不与人聊天，不看报纸和手机，忌呼呼大睡。

　　在大会主席或主持人介绍与会人员时，或者发言人登上讲台向大家致意时和发言过程中，要作出适当的呼应，如热烈鼓掌以示欢迎、感谢，或自然地报以笑声和掌声。会议中，应该关闭手机或者将手机调为静音状态。如果必须接听手机，应该去会场外。如果在会议中途退场，应轻手轻脚，不要影响他人。如对发言人的意见有不同观点，应该待发言人说完后再提出，不应该中途打断发言人的讲话，更不应该有不文明的语言和粗鲁的举止。会议结束时，应该等待主持人宣布散会，并让来宾先行退场。

（二）主持会议的礼仪

　　主持会议的礼仪主要表现在掌握会议程序方面。

　　第一，主持人必须在会议前充分熟悉会议的基本情况，包括会议的性质、目的、任务、规模、类型、与会人员、贵宾领导以及程序等。

　　第二，会议开始前，主持人应该向全体代表介绍与会人员，重点介绍在主席台就座的人员。

介绍可按照职位由高到低依次进行。如遇两人或多人级别相同、地位相近，要先介绍客人、年长者、女士。在介绍与会人员时，被介绍者会起立致意，大家会用掌声表示欢迎。这时，主持人要掌握介绍的节奏，避免太快或太慢，要等被介绍者落座、掌声平息后再介绍下一位。

第三，主持人要调控会场的气氛。会场的气氛因会议类型的不同而有所区别，如代表会庄严隆重、庆祝会喜庆热烈、座谈会轻松活泼、报告会简单务实等，主持人应该通过自身的表情神态和语调的抑扬顿挫来营造气氛。如在宣布代表发言时，主持人要使用充满感情的语言，并带头用掌声表示欢迎。代表发言结束后，主持人也要与大家一起鼓掌表示感谢，并可根据情况对发言内容及其意义加以简要评述。

第四，为确保会议高效，主持人需要掌握会议进程，在代表发言前说明会议主题和发言时限，防止出现脱离主题、漫无边际的发言，或一人占用话筒造成他人无机会表达意见的现象。如果与会者因某些情况造成会议发言冷场，应注意调节会议气氛，并针对问题打消与会者的顾虑。如果发言人已经超时，但仍然兴致勃勃、意犹未尽，而听者躁动不安，应该暗示发言人尽快结束讲话。

第五，遇到一些会议讨论意见分歧很大，会场上发生矛盾冲突甚至出现不礼貌的言辞举动时，主持人要根据具体情况迅速分析原因、控制局面，使会议能够顺利地进行。

✎ **相关链接**

一般日常工作会议议程

宣布开会，告知议题和议程；回顾上次会议决议内容；向议题相关负责人报告；讨论负责人报告；通过本次会议决议；公布会议结果；休会。

（三）会议发言的礼仪

第一，报告人走上台后，要向大会主席或主持人点头致意或鞠躬致敬，然后稳健地走到讲台前，自然地面向听众站好。报告人要做到镇静大方、精神饱满，使与会者的敬意油然而生。走上台不要随随便便或扭捏局促，不要匆匆忙忙或过于迟缓。

第二，报告人面向听众站好之后，首先要以诚恳、郑重的态度向听众点头或鞠躬，以表示敬意。然后以亲切的目光环视一下听众，起到稳定听众情绪的作用。如果不向听众行礼致意，一上台就张口念发言稿，会显得过于匆忙，听众也会感觉没有受到应有的尊重，从而有可能影响报告的效果。

第三，报告人的姿态要端正，挺胸收腹，以面向正前方为主。在报告进行中，可不时抬头与听众进行目光的交流，也可适度地做一些与报告内容相关的手势。注意身子不要僵直，不能一个姿势讲到底。发言要声音洪亮、吐字清晰，保证听众能够听清发言的内容。

第四，报告结束，报告人要向听众行礼致意，并向大会主席或主持人致谢。走下台时的举止、神态、表情要跟走上台时一样，切不可随随便便，以免给与会者留下虎头蛇尾的印象。

第五，报告人要自觉遵守会议规则，尊重主办方和听众，发言围绕主题，不东拉西扯、不随意超时。要适时观察听众对发言的反应，适当地根据现场状况调整发言内容。必要时增加互动，活跃气氛。

相关链接

《武陵都市报》刊载了一篇题为《石柱出台"十条禁令"整顿会风》的文章。

石柱土家族自治县制定了整顿会风的"十条禁令"，这"十条禁令"是：严禁迟到早退，必须严守纪律；严禁接打电话和收发短信，必须集中精力；严禁交头接耳，必须保持安静；严禁随意走动，必须遵守秩序；严禁走神睡觉，必须振作精神；严禁东倒西歪，必须仪态端正；严禁只听不记，必须做好记录；严禁场内吸烟，必须注重公德；严禁酒后参会，必须保持清醒；严禁衣着不整，必须着装规范。

该县还作出规定：重要的全县性大会要统一使用普通话，并逐步拓展到专业性会议；对机关干部职工分批进行文明礼仪知识培训，提高文明素质；等等。

二、会议服务的礼仪 >>>>>>>>>>>>>>>>>>>>>>>>>>>>>>>>

会议服务的礼仪是组织会议和服务会议要掌握的礼仪知识，体现于会议的具体工作之中。

（一）选择合适的时间、地点

选择合适的时间、地点是开好会议的必要条件，也体现出主办方对与会者的尊重。

1. 选择合适的开会时间

选择召开会议的时间，要考虑如下因素。

(1)在需要时才开会。会议应该根据实际工作需要而召开，没有必要的会议坚决不开，不无故占用他人的时间。这是实事求是的工作作风，也是对他人的尊重。

(2)在可能的时候开会。如果主要与会者无法参与，或者会议召开了也无法形成决议，又或者没有经费、设施等条件，就不具备开会的条件。

(3)在与会者方便时开会。会议应该安排在全体与会者方便的时间召开，以确保大家都有可能到会。如果任意安排一个开会时间，可能会造成已有工作安排的人无法出席。要注意选择与会者中的关键人物方便的时间开会，以保证这些人出席会议。

(4)在适宜的时候开会。要考虑气候、环境等自然因素和政治、经济等社会因素，在合适的时机召开会议才能够达到预期的目的。有些时效性很强的会议如应对突发事件的会议，要尽早安排；有些需要深思熟虑的会议如审议重要法规、政策的会议，可以延迟到充分调研论证后召开。

2. 选择合适的开会地点

(1)地点远近适合。需要将分散于各地的与会人员集中起来的会议，应该选择方便大家的、距离适中的地点召开。不要让与会人员把大量时间消耗在路途上。

(2)会议场所大小适中。会议场所应该根据出席人数多少有不同的安排。在单位会议室召开的会议，人均面积一般 2~3 平方米。如果会议在大礼堂召开，人均

学习笔记

面积会小一些。总之，会议场所面积应该适中，避免过于空旷和拥挤。

（3）会场设备齐全。会场是否配备必需的设备也是在选择会议地点时需要考虑的，常用设备有话筒、音响、电脑、投影仪、空调、照明灯具等。

（4）环境适宜。会议选址应该考察环境：日常工作会议宜选择安静的地点召开，避免外界干扰；学术研讨会议宜选择风景宜人的地方召开，可以使与会者身心舒畅、思维活跃；行业工作会议宜选择富有特色的城乡地区召开，以便结合现场考察。

（5）费用适度。会议经费来源有限，需要量入为出。要考虑与会人员赴会条件，选择人员集中和旅程短的地点。会议地点路途远、会议场地和设备租金高，费用就多。

（6）场地应该提前预订。会议前要向承办方提供会议人数、接送车辆、住宿和用餐标准等信息，提出会场使用设备、安全保卫、卫生保健等方面的要求。

在预订会场前，要对各项设施、服务条件仔细检查。选定会场后，要签署书面合同，明确规定各项会议服务细节，对责任和义务、费用、违约解决办法加以约定。

相关链接

某公司地处城乡接合部，将召开成立 10 周年庆典大会。为加大宣传力度，公司打算邀请政府主管部门领导和行业协会领导以及数家媒体参加庆典大会。同时，也安排了公司领导和员工 500 多人出席庆典大会。公司领导经过讨论，决定把会场安排在公司内部大礼堂，一来体现公司勤俭持家的一贯理念，二来也可以引导来宾参观公司、满足嘉宾与媒体深入了解公司的愿望。

该公司的会场选址思路中考虑了会议的目的、出席的人数、出席人的愿望等因素。城乡接合部有环城公路，交通便利，比选择市中心要好。更重要的是，这是公司自己的节日，在公司举办庆典大会能够提升员工的主人翁意识。

（二）正确安排会议座位

座位安排是会议礼仪的主要内容，恰当安排座位能够体现出对与会者的尊重，因此座位安排必须慎重。

1. 大会主席台座位安排

大型会议如代表大会、庆祝大会等需要设置主席台。

当主席台人数为奇数时，职务最高者居中，次者居其左手，再次者居其右手，其他以此类推；当主席台人数为偶数时，1 号、2 号领导同时居中，1 号领导排在右手边，2 号领导排在左手边，其他依次排列。如图 5-1 所示。

7	5	3	1	2	4	6
	观		众		席	

A. 主席台人数为奇数

7	5	3	1	2	4	6	8
	观		众		席		

B. 主席台人数为偶数

图 5-1　大会主席台的座次

2. 会见座位安排

会见习惯安排在会客室或办公室，大多数是宾主对称地各坐一边，主宾座位安排在主人座位右侧以示尊重。如图 5-2 所示。

A.　　　　　　　　　　　　　　　　　　　　B.

图 5-2　会见的座次

3. 会谈座位安排

会谈多以双边为主，也有多边会谈。几个人的会谈可不另设会场，座位安排同会见。较多人的会谈须专设会场，通常用长方形、椭圆形谈判桌。如果谈判桌横置，应该将主宾安排在面对正门的位置，如图 5-3 所示；如果谈判桌竖置，应该将主宾安排在正门右手的位置。

图 5-3　会谈的座次（横置）

4. 签字仪式座位安排

签字仪式设置长方形签字桌，桌面铺设绒布，绒布色彩的选择要考虑对方的习惯与忌讳。

桌面前沿正中摆放双方小旗，或桌面两侧摆放双方名签，客方居于主方右侧。桌面摆放各方保存的文本、签字笔、吸墨器。桌后侧设置两张椅子供主签人就座签字。主签人身后左右侧是助签人的站位，后排是鉴证人和双方参加人员的站位，都不设置座位。如果参加人员较多，可以设置阶梯站台，以确保摄影效果。后上方悬挂横幅，或后方设置背景墙，上面书写签字双方名称、签字项目名称和"签字仪式"。主持人站在签字桌侧面，设立立式话筒。如图 5-4 所示。

图 5-4　签字仪式的座次

> **相关链接**
>
> **签字仪式程序**
>
> 　　双方出席签字仪式的人员一同进入签字厅。主签人就座时，其他人员分主客两方、按身份顺序排列于各自主签人的座位后面。双方的助签人分别站立在各自主签人的外侧，协助翻揭文本、指明签字处。主签人首先在己方保存的文本上签字，然后由助签人互相传递文本，再在对方保存的文本上签字。最后由双方主签人起立互相交换文本并握手。签字后可由工作人员送上香槟酒，共同举杯庆贺。

三、会议接待的礼仪 >>>>>>>>>>>>>>>>>>>>>>>>>>>>>>>>

（一）会议接站

对远道而来的与会者需要安排接站。做好接站工作需要事先与对方沟通，了解其乘坐的飞机、火车等交通工具的具体班次和准确到站的时间。接待人员要提前出发，确保在对方出站前 20 分钟左右到达出站口等待，不可以让对方出站后找不到接待人员，这样会有怠慢之嫌，十分失礼。如果没有见过对方，应该准备会议接待牌，写上"××会议接待处"字样。

接到与会者后，应该热情地打招呼并介绍自己，可以主动帮助提拿较大较重的箱包，但不可以帮助拿与会者随身携带的小包。要引导与会者上接待车辆，如果只接一人，可以安排其坐于小车上座，并立即返回；如果还需要等待其他人，要注意与对方说明，等人员到齐后立即返回。路上可以询问与会者路途情况、介绍本次会议筹备情况和本地风土人情等，表达热情和关怀。要先把与会者送到会议住宿处安顿好，交代食宿安排注意事项和会议日程，然后礼貌告辞。

（二）会议报到

会议报到在与会者到达会场时进行。通常有会议签到、文件发放、会议引坐等环节。

会议报到处要设置在会场门口或酒店大厅，摆放长条桌和"××会议报到处"标牌。主办方接待人员要佩戴会议工作证，准备好签到本、发放的会议资料袋等。

1. 会议签到

会议签到是与会人员到会的记录，也是与会人员到会要做的第一件事。与会人员在进入会场时一定要签到，因为会议签到的目的是准确统计到会人数，从而更好地安排会议工作。重要的会议只有代表达到法定人数才能召开，否则会议选举和通过的决议无效。

签到方法主要有工作人员代签、簿本签到、电子签到等。

工作人员代签是会议工作人员事先做好与会者花名册，开会时，来一人就在该人名后画上记号，表示到会；缺席、请假人员也要用规定的记号表示。此方法适合单位内部会议。

多数会议采取簿本签到的方法。与会人员在会议工作人员准备好的签到簿上签署自己的姓名，表示到会。签到簿上的内容一般有姓名、职业、所代表的单位等。与会人员要逐项填写，不要遗漏。接待人员应该主动询问与会人员单位名称，介绍签到方法，指点与会人员在签到簿上签字。与会人员填写签到簿字迹要清晰，表现出对主办方的尊重。

电子签到是利用电子技术手段进行报到的新兴方法。与会人员只需将特制的报到电子卡放到近距离报到系统的感应区，或者以正常的步速通过远距离报到系统的报到检测门，即可完成会议报到。会务人员通过报到管理软件可实时查看人员到会情况，包括应到会人数、实到会人数与到会人员座位等信息。另外，电子报到系统还具有人员到会情况报告、应到会人员名单、实到会人员名单、未到会人员名单等资料打印功能及会议标语、议题标语、发言文稿等大屏幕信息提示功能，简化了会议的组织工作、提高了会议效率。电子签到一般在召开大中型会议时使用，接待人员要将电子签到的方法向与会人员介绍清楚，帮助其掌握并运用。

2. 文件发放

发放会议文件是会议工作的一个重要程序，应以准确、及时为原则。

一般来说，会议前一至两周发放会议通知，签到时发放会议议程和日程安排、与议题相关的文件资料，如领导讲话稿、提案、参考资料、会议证件等。会议期间分发简报，会议结束时分发会议决议、纪要等文件。

签到时发放会议文件，接待人员要交代清楚文件内容，请与会人员履行签字手续。一些文件秘密程度比较高，要按照编号分发，分发时要注意准确性、保密性。对于需要收回的文件，要向与会人员告知收回的时限和责任人。

3. 会议引坐

在大多数会议上，到场的重要领导、重要来宾和情况特殊的与会人员(如年长体弱者)应由接待人员作引导。引导人员应该走在与会人员左侧前方，用规范的手势指引方向，辅之以"请随我来""这是您的座位""请您入座"等话语。到达座位前，应该帮助拉出座椅，再以手势示意与会人员入席。

四、会议中的服务工作 >>>>>>>>>>>>>>>>>>>>>>>>>>

（一）倒茶续水

与会人员入座后，接待人员要及时倒茶。使用的茶具要干净、无污渍，并经过消毒。倒茶时，要将茶杯拿到与会人员身后，避免开水滴到桌面上和与会人员身上。茶水倒好后要轻放茶杯，并说"请用茶"。如果使用袋泡茶，拎起袋泡茶的纸卡片挂于杯口外，倒茶时以手指按住纸卡片，防止其被水冲入茶杯中。如果用纸杯泡茶，最好配备杯托，方便与会人员端茶。在与会人员饮茶时要留心观察，当茶水少于半杯后要及时续水，以体现接待方的热情周到。

（二）会议食宿安排

会期长的会议需要安排食宿，具体方法是：根据通知回执统计出席会议的人数，根据出席者身份、会议经费等因素确定食宿标准；考察会议酒店卫生条件、食谱和客房设施，提出要求；安排时要照顾年长者、妇女、领导，要考虑民族习俗；尽量把同行业、同地区的人员安排在一起，便于交流；发放会议使用的餐券、住宿证，同时交代清楚相关要求和注意事项。

学习任务 4
宴请礼仪

在公务交往中，宴请是最常见的交际活动之一。为了表示欢迎、答谢、祝贺等，进行感情联络、交流信息或协调关系、商谈事务等，常用宴请的方式。宴请就其本身来说，是一种礼仪形式，有约定俗成的礼仪规范，同时也能充分地体现组织者和赴宴者的气质和修养。

一、宴请的形式 >>>>>>>>>>>>>>>>>>>>>>>>>>>>>>>>>>

（一）宴会

宴会是主宾一起饮酒吃饭的聚会，出席者按座位入座进餐，根据不同的目的采用不同的形式。

1. 正式宴会

正式宴会最为正规，规格较高，注重礼仪程序，讲究桌位座次安排，一般有领导致辞、祝酒，气氛较为隆重与热烈。

2. 便宴

便宴属于非正式宴会，常见的为午宴、晚宴。形式较为简单随意，不作正式致辞，气氛轻松、亲切。

3. 家宴

在家中设宴招待客人，凸显对客人的亲近友好，有利于沟通感情。一般由主人亲自下厨，家人共同招待。

（二）招待会

招待会是一种不备正餐、较为灵活的宴请形式，通常不排席位或备少量席位，可以自由走动。

1. 冷餐会

菜肴以冷食为主，兼有少量热菜、酒水。菜肴集中摆放在餐桌上，供宾主自取。冷餐会可在室内举行，还可在庭院、花园举行，时间通常选择 12 点至 14 点、17 点至 19 点。

2. 酒会

以酒水、果品招待为主，备有小吃。一般不设座椅，形式轻松、自由，出席者站着交谈，可在任意时间到达和离开，不受约束。酒会在中午、下午、晚上均可举办，但一般在请柬中注明整个活动持续的时间。

3. 茶会

一种最为简便的招待形式，以茶、咖啡为主，略备点心、小吃，备茶几、座椅。举办时间通常在 10 点或 16 点左右。

（三）工作进餐

工作进餐是一种非正式宴请形式，一般利用工作餐的时间边进餐边谈工作，纯属工作性质，菜肴从简，多见快餐、配餐形式，亦可各自付费。

二、宴请的组织　>>>>>>>>>>>>>>>>>>>>>>>>>>>>>>>>>>>>

（一）明确宴请的目的、对象和形式

公务活动中的宴请都有一定的来由和目的，根据明确的目的确定以谁的名义来邀请，并确定邀请范围和邀请对象。邀请范围要有针对性、适合性，邀请对象要考虑主宾双方的身份对等因素，逐步确定行业、单位、人员、人数以及主人一方相应的陪同人员。随后拟定邀请名单，逐一明确被邀请人的姓名、性别、所在单位、部门、职务等。

确定宴请活动的目的和对象后，根据活动性质和参加人员的身份、级别、人数，并结合活动惯例，选择的适合宴请形式和宴请规格。

（二）明确宴请的时间、地点

选择主宾双方都合适的时间，主动避开对方的重大节假日、重要活动举行日、禁忌日等。

地点应根据宴请的形式、规格及参加的人数等来确定，通常还要考虑环境氛围、服务水准、交通等因素。

（三）发出邀请

正式宴会、规模较大的招待会应提前发出请柬。请柬一般在宴请前 7～15 天发出。请柬上要注明宴请的目的、时间、地点及邀请单位，如以个人名义邀请，

要注明主人姓名全称、是否邀请夫妻双方。如对出席者有服装要求，也要在请柬上注明。

（四）落实参加的人员

应在请柬发出后 3 天左右确定对方是否如期出席。可在请柬上请求对方答复，亦可通过电话、邮件、上门等方式落实反馈。

相关链接

请柬发出后，一般都请求对方答复，可在请柬右上方或下方注明"备忘"的字样。如需了解对方能否出席，则应在请柬上注明"请答复"的字样。

邀请夫妻共同参加时，国际上习惯只发一张请柬，我国则习惯每人发一张。凡须安排座次的宴请，应在请柬信封下角注上席次号，方便来宾就座。

（五）确定菜肴、酒水

正式宴会的菜肴、酒水一般依据礼宾规格、主办方的预算来安排，还要考虑到主宾双方有无饮食禁忌、有无特殊要求等。

（六）席位安排

宴会中的桌次、座次安排是重要的礼仪内容，主要依据礼宾次序，也要考虑出席者的身份、职务、兴趣爱好等因素。

桌次高低以离主桌远近而定，近高远低，右高左低。国际惯例是"右为尊"，即离主桌越近的桌次越高，离主桌越远的桌次越低；平行桌次以右桌为高，左桌为低。如图 5-5 所示。

图 5-5 桌次的安排

座次安排次序为"面门为上、右为尊"，同时考虑离主人座位的远近。

我国惯例一般以职务高低安排座次，或男宾相邻坐一侧、女宾相邻坐一侧。随着社会交往的发展，也多有男、女宾穿插安排，和西方国家惯例接近。即主宾应安排在第一主人右侧，副主宾应安排在第二主人右侧，以此类推；如有夫人同桌，第一主人的右侧和左侧分别安排主宾夫妇，第二主人的右侧和左侧分别安排副主宾夫妇，以此类推。在特殊情况下也可灵活掌握，比如，主宾身份高于主人或主人为了表示尊重时，可把主宾排在第一主人的位置，而第一主人则坐在主宾的位置上，第二主人坐在主宾的左侧，如图5-6所示。

图 5-6 席桌的座次

规模较大、人数较多的宴会均应安排好席位卡，方便出席者入座。

学习笔记

（七）确定宴请程序

宴请程序包括迎接、入席、致辞、敬酒、散席送客五个环节。安排既要有条不紊、紧凑有序，又要有礼有节、礼貌热情。

一般主人或主办方专门安排相应身份的人员提前15分钟至半小时在门口迎接来宾，由引导人员引进候客室或宴会厅入座。

正式宴会一般设有主持人和领导致辞，通常在宴会开始时进行，也可在宴会开始后半小时左右进行。敬酒时从主桌由近至远进行。

宴会时间通常不超过两小时，由主持人或主办人宣布结束，向宾客致谢，并在门口送行、道别。

三、进餐中的礼仪 >>>>>>>>>>>>>>>>>>>>>>>>>>>>>>>>>>

组织与参加宴请都要注重礼仪形式。出席者在收到请柬并决定赴宴后，应记清楚宴会的时间、地点及附注的要求。赴宴前根据时间、地点、场合选择美观、大方、得体的服装，人数较多、规模较大的宴会应提前15分钟到达，不应过早到达或迟到。

中餐、西餐是我国宴请活动中最常见的形式。中餐宴会常用圆桌，西餐宴会常用长台桌。出席者在到达宴会场所入座前，应核实自己的桌次与座次；待主人入座后，自己从椅子左方入座，注意双手拉出座椅(男士有义务先帮邻座女士拉开座椅，请对方先入座)；注意坐姿与表情，与同桌人适当招呼与寒暄。

（一）中餐进餐礼仪

第一，穿着的长衣、外套应脱挂在衣帽间内或衣架上，女士随身带的小包或围巾等物品不要随意放在桌上，可放在椅背上或椅背和椅座之间。

第二，用餐前，有时服务员会送上一方热毛巾用于擦拭双手，千万不要用来擦脸、脖颈或手臂等。如要擦汗，须选用餐巾。

第三，用餐开始时，将餐巾轻轻打开，平放在双腿上。如中途短暂离开，可将餐巾放在椅子上，不要放在桌上右上角，那表示你的用餐已经结束，准备离开或允许服务员收盘。用餐中，可用餐巾轻轻擦拭嘴角。

第四，夹菜时轻轻转动餐桌转盘，当所需菜肴转到自己面前时再取用，一定要避免在他人正在夹菜时转动转盘；尽量用公筷、公勺将所需菜肴取到自己的盘中，再用自己的筷、勺慢慢享用；使用餐具要轻拿轻放，用餐时嘴巴不能发出响亮的咀嚼声，注意嘴角的卫生。

第五，用餐中，得体地与全桌人交谈，不要一直和某一两个人私语；交谈时，嘴中不能含着食物。

第六，需要吐出骨头、鱼刺时，直接吐在桌上是不雅的，应轻吐在自己的垫盘内并用手稍作遮挡。不要用手、指甲、筷子剔牙，必要时用牙签，并用手轻捂口鼻，同时挡住牙签。

第七，使用汤勺、公筷等其他用具时，自己的汤勺、筷子应放在碗、碟和垫盘上。筷子是中餐使用的主要餐具，正确使用筷子能体现一个人良好的教养。我国传统中有"忌八筷"之规则：

一忌敲筷——拿筷子敲碗碟。

二忌舔筷——就餐中常舔筷子上的汤渍、菜叶。

三忌掏筷——在一个餐盘中用筷子挑来挑去、上下搅动。

四忌游筷——手拿筷子从一个餐盘到另一个餐盘，反复不定、犹豫不决。

五忌滴筷——夹菜时汤汁不停滴漏。

六忌飞筷——说话、交谈时筷子飞来舞去或指点他人。

七忌插筷——将筷子直插在饭碗中。

八忌剔筷——将筷子当成牙签剔牙。

第八，当主人示意用餐结束时，应结束用餐，带齐自己的物品，礼貌道别并致谢。

（二）西餐进餐礼仪

西餐有固定的上菜、上酒水、上甜点等程序，不同的国家和地区有不同的宴请规格和形式，但正式宴会都有统一的程序。值得注意的是，西餐宴会中上菜的顺序与餐具的使用比较讲究，有必要了解其中的规则与礼仪要求。

相关链接

　　某公司在一次对外业务成功谈妥、签好合同后，为表达谢意，由公司业务主管和办公室的老王在当地最好的一家酒店请两位外方人员吃西餐。这是老王第一次吃正规的西餐，老王为了显示自己良好的风度，时刻注意举止。用餐开始时，老王用餐巾仔细地擦拭了自己的刀、叉、餐盘，学着外方人员的样子细心地使用刀、叉，总算没失态。用餐快结束时，吃饭时习惯喝汤的老王首先盛了几勺小盆里的"汤"放进自己的碗里，然后喝下去。当时两位外方人员愣住了，主管也很尴尬。

　　老王在用餐中出现两个失礼的地方：一是不可用餐巾擦拭餐具，二是小盆里盛放的是洗手水。随着对外交往越来越频繁，只有掌握一些基本的西餐礼仪，才不会"出意外"。

1. 开胃汤

喝汤时，汤匙从自己身体一侧由桌沿朝向桌中心方向轻舀，以免汤汁滴落在桌布及衣服上；不要对着汤碗吹气，不可把碗端起来直接喝；汤汁见少时，可将汤碗轻轻倾斜，以便用汤匙由内向外舀起，也可用餐前小面包蘸取。喝完汤，汤匙匙心向上、匙柄向右放在汤碗(盘)中。

2. 面包

吃面包时，要拿在手上撕成小块送入口中，不可直接咬，应注意在餐盘上方食用，面包屑不能散落在餐桌上。如需传送面包篮，待传给自己时根据所需自取，并向右边传递。面包篮放在桌上时，不可起身伸长手臂取面包，应请离面包篮较近的人传送给你。面包需要抹黄油和果酱时，要用专用小刀，将面包撕一块、抹一块、吃一块。

3. 副菜、主菜

西餐的副菜以鱼类、贝类、海鲜类为主，备有专用调味汁，配白葡萄酒；主菜以肉类、禽类为主，配有蔬菜沙拉，配红葡萄酒或烈性酒。

用餐时，餐具摆放的顺序是配合所上菜肴的顺序的。餐桌上有多副刀叉并排时，应先取用摆在最外面的一副刀叉，由外至内依次取用。一般左手持叉，右手持刀。

吃烤鸡、龙虾、有骨头的肉类时，可用手直接撕着吃，一般备有洗手盘。注意不能将整块食物全部放入口中再吐出骨头，应用手指捏住骨头，吃完后，轻轻取出骨头放入盘中。

吃主菜中的牛排时，应左手用叉轻按牛排，右手用刀切成适度小块，再用叉叉住送入口中。从牛排右侧开始，由外至内切一块、吃一块，动作要轻，不可发出较大声音，不可全部切成小块后再食用。

牛排可根据个人口味告知服务人员烤几成熟，猪排、羊排一般是全熟；吃鱼时，可先将鱼头、主骨、尾、鳍等去掉放置在餐盘前侧，再以刀叉配合食用鱼肉，不可翻转鱼身。

用餐中途短暂停顿时，左叉右刀成八字形搭在盘沿，叉齿向下，刀刃向内，餐巾放于座椅上；若用餐已结束，刀叉并列摆放在盘上，叉齿向上，刀刃向内，餐巾放置在餐盘右上角。

用餐过程中需用洗手盘(盆)时，注意轻轻洗净手指，不要将手掌完全放进洗手盘(盆)，洗后用餐巾擦干；餐桌上的水杯中备有饮用水，是用于换菜时冲淡前一道菜的口味的，所以不应一口气喝完；需要服务人员提供换盘等服务时，应用眼神或稍举手示意前来，不应大声叫喊。

4. 甜品、饮料

西餐用餐最后一般依次上点心、甜品及饮料。饮料中注意咖啡的饮用礼仪。

喝咖啡时，可根据自己的口味，用专用的糖夹(匙)添加糖，或再加牛奶，用小匙轻轻搅拌，搅拌后将小匙放置在咖啡托盘一侧，喝时不能放在杯内；左手端托盘至胸前上下的位置，右手拿起咖啡杯饮用，再放回托盘，放置在桌上，不要直接拿着咖啡杯饮用或走动。

学习任务 5
馈赠礼仪

人们在生活、公务往来中相互馈赠礼物表达心意，既是传统的、约定俗成的礼节形式，也是现代人际交往中不可缺少的内容。礼物帮助人们传递着情感和信息，寄托着彼此的情意，表达着人与人之间的真诚关爱，能使友谊得到发展、使合作得到加强。

自古以来，馈赠礼物就有不少特定的礼节形式，有的还相当烦琐。随着社会的发展，馈赠礼仪也发生了变化，有着既定的规则和惯用的形式。如果处理不好，会弄巧成拙、适得其反。

一、送礼的时机 >>>>>>>>>>>>>>>>>>>>>>>>>>>>>>>>

（一）祝贺性礼品的馈赠时机

用于礼庆时间、礼庆场合，表达送礼者的美好祝愿，是最常见的馈赠时机。

第一，传统和现代的节日，如元旦、春节、元宵节、端午节、中秋节、重阳节、父亲节、母亲节、儿童节等。

第二，亲友、同事、合作伙伴等家庭生活的喜庆日子，如乔迁、生日、嫁娶、生子等。

第三，亲友、同学、同事等业务上的喜庆事件，如升学、毕业、参加工作、升迁、获奖等。

第四，各类企业的开张、乔迁等。

（二）纪念性礼品的馈赠时机

用于有重要的事情发生、开展重要的活动等有纪念性意义的日子。

第一，各类典礼、会议、参观、交流等公务活动。

第二，自己认为有纪念意义的活动，如彼此第一次见面、第一次到对方家做客、第一次合作、临行话别等。

（三）问候性礼品的馈赠时机

用于表达关心、问候、安慰等情感的馈赠。

第一，探望病人。

第二，参加葬礼。

第三，对方情绪失落、失意，身处逆境时。

（四）感谢性礼品的馈赠时机

第一，感谢对方的帮助、关心等。

第二，回赠礼品。

学习笔记

二、礼物的选择 >>>>>>>>>>>>>>>>>>>>>>>>>>>>>>>>>>>>

可作为礼物的物品包罗万象，选择合适的礼物才能起到应有的效果。选择礼物要根据不同的目的、对象、场合等综合考虑，此外通常要注意以下方面。

（一）既符合常规，又有创意

第一，传统性节日、看望长辈、探望病人等，有常规性的物品和食品，品种、数量一般参考既有习惯和当地风俗。例如，节日礼品包括月饼、元宵、各类鲜花等，营养食品、保健品等，衣物、皮包、领带、剃须刀等。

第二，"礼轻情意重"，既可符合常规，又可根据不同目的、不同对象选择有特色、有个性、有感情色彩的礼物，如亲手制作的、对方欠缺的、对方特别爱好的、有浓厚地方特色的礼物。

（二）不能触及风俗禁忌及个人避忌

第一，风俗习惯中忌讳的礼物及礼物的颜色、数量等。例如，老人寿辰不能送钟，看望病人不能送菊花，不能送新婚夫妇伞、梨等。

第二，对方忌讳的、反感的礼物及礼物的颜色、数量等。例如，给对花粉过敏的人送鲜花、给糖尿病人送高糖食品，以及带有价格标签的礼物、带有广告的礼物、过时的衣物、没有外包装或外包装粗糙的礼物，等等。

第三，容易引起误会的礼物及礼物的颜色、数量等。例如，给普通关系的同事送红玫瑰、内衣等。

相关链接

国内一外资企业接待了一个意大利商务访问代表团，安排代表团进行为期3天的观光游览，第一天安排到"上有天堂、下有苏杭"的苏州城。苏州丝绸闻名天下，参观完丝绸厂后，厂方给代表团每位成员都赠送了用精致包装盒装好的小礼物，大家都很高兴，上车后纷纷打开礼物盒互相观看。结果，热闹的车厢一下子安静了下来，大家都沉默不语。过了一会儿，一位女士终于忍不住气愤地说："这样的礼物我们不想要，我们也不想再继续游览了。"

带队人员急忙了解情况，一查看，礼物是漂亮的丝绸手帕，白色的底面上绣着精致的菊花，有的菊花还是黄色的。原来，在意大利的风俗中，手帕代表着离别的眼泪，是不应作为常规礼物送人的。而菊花也是意大利人非常忌讳的图案，因为菊花盛开的季节正是他们扫墓祭奠之时，菊花也是祭奠时用的花。

思考与练习

一、简答题

(1)如何保持办公室环境的卫生、整洁？

(2)如何对办公室的访客礼貌相迎？

(3)在办公室接电话的礼仪有哪些？

(4)在办公室打电话的礼仪有哪些？

(5)出席会议时，与会者在着装方面应注意哪些事项？

(6)会议中要做好哪些礼仪服务工作？

(7)宴请有哪些形式？

(8)中餐的"忌八筷"是怎么回事？

(9)西餐的餐巾有何用途？

(10)选择礼物要注意哪些礼仪？

二、情境练习题

(1)与同学合作，根据下面的情境，模拟一次签字仪式。

　　某化妆品公司与化学研究所谈成合作项目，由某化妆品公司投入 200 万元经费、化学研究所投入技术力量，共同开发新一代化妆品。签字仪式安排在某化妆品公司会议厅举行，某化妆品公司总经理何××与化学研究所所长徐××担任主签人，双方各有 4 人陪同出席。主持人和两位助签人分别由某化妆品公司办公室员工担任。

(2)请你根据下面的情境思考如何安排主席台座位。

　　某公司要开庆祝会，庆祝公司产品获得国家科技进步三等奖。主席台要安排研发部沈部长、公司张总经理、年长的毛副总经理、年轻的杜副总经理(女)，公司办公室王主任的座位。

学习反思

专题六
求职与就业礼仪

学习目标

通过本专题学习，你应该能够实现以下目标。

1. 了解求职应聘的整个过程及所需环节。

2. 掌握每个环节应具备的礼仪。

古希腊德尔菲神庙上刻着这么一句话：认识你自己。漫长的岁月告诉我们，朴素的道理如今成了人人践行的处世智慧。参加面试是走进社会、走进职场的开始，想迈好这一步以便在竞争中获得机会，要掌握必要的技巧，更要懂得其中的礼仪规则。

学习任务 1
面试前的准备

一、知己知彼、确定求职目标 >>>>>>>>>>>>>>>>>>>>>>>>>>>>>

（一）了解自己

求职是所有毕业生都需要面对的一个挑战，首先要认识你自己。对求职者来说，这一般就是指了解自己的能力、兴趣和价值观。能力指的是你能做什么，兴趣指的是你喜欢做什么，价值观指的则是你希望从工作中获得什么。

1. 能力

能力与知识、经验和个性共同构成人的素质，成为胜任某项工作的条件。它分为一般能力和特殊能力。一般能力是指观察、记忆、思维、想象等能力，通常也叫智力。它是人们完成任何活动所不可缺少的，是能力中最主要又最一般的部分。特殊能力是指人们从事特定职业或专业需要的能力，例如音乐活动中所需要的听觉表象能力。人们从事任何一项专业性活动既需要一般能力，也需要特殊能力，两者的发展也是相互促进的。对于广大毕业生来说，这里的能力主要是指基于一定的专业知识学习所形成的在特定行业的技术岗位上工作的能力。比如，旅游专业的学生可以在旅行社从事导游的工作，幼教专业的学生可以在幼儿园从事幼儿教师的工作。

按照功能来划分，能力可以分为认知能力、操作能力和社交能力。对于毕业生来说，社交能力在求职时显得格外重要，用人单位会通过简单的交谈来考察你的组织管理能力等。

通常可采取自我评价与外界评价相结合的办法来对自己的能力作一个简单的评估。可以对自己在校期间所获得的荣誉、担任的职务以及从事社会实践和课外学术研究的经历作一个简单的梳理，想想自己做过哪些有成就感的事情。这样做可以帮助你了解自己的专长，并为自己增加信心。外界评价通常采用全方位评价法，即让你的老师、家长、同学、朋友对你的能力进行评价，从而了解自己的专长。最后，将自我评价与外界评价相结合，便能客观全面地了解自己的能力。

2. 兴趣

兴趣是指人们力求认识某种事物和从事某项活动的倾向，它表现为人们对某种事物、某项活动的选择性态度和积极的情绪反应。现代社会竞争激烈，很多毕业生在面临就业压力时往往会有这样一种心理：有工作就不错了，甭管自己喜不喜欢，先干起来再说。但最终我们会发现，抱有这种心理的毕业生很难较长时间地从事他不喜欢的工作。

美国职业指导专家霍兰德曾把人的职业兴趣分为 6 种类型：现实型、研究型、艺术型、社会型、企业型和常规型。每种类型的人都有其各自的特点和适合从事的工作：现实型的人倾向于选择以机器、物体为对象，以室外活动为特点的工作；研究型的人倾向于选择运用抽象思维、具有探究性质的工作；艺术型的人倾向于选择能够以新颖的、与众不同的艺术成果来表现自己的个性的工作；社会型的人倾向于选择与人交际、为他人服务和教育他人的工作；企业型的人倾向于选择指挥他人、有竞争、有风险的工作；常规型的人倾向于选择按部就班、接受领导的工作。毕业生可以采用霍兰德编制的"自我指导探索"问卷来测验自己的职业兴趣，进而发现自己喜欢的职业。

3. 价值观

价值观是指在求职时希望工作带来的价值，例如是希望收入高还是希望发展快，抑或是其他。澄清价值观的一个简单方法是排除法，即把你希望从工作中得到的价值一一列举出来，譬如稳定性、挑战性、独立性、良好的人际关系、良好的职业声望、助人等。如果要从中选取五种你最看重的价值，你会怎样排除？接着，如果要从这五种价值中选取你最看重的三种，你会如何取舍？最后，如果在剩下的三种价值中只留下一种，你最终的答案是什么？这个最终的答案就是你最看重的价值，也就是你的核心价值观。

综合以上三个方面，我们不妨在面试前对自己提这样几个问题：自己拥有哪些天赋与特长？自己已经具有哪些专业知识与技能？自己希望从事并且能够胜任的工作是什么？自己与其他求职者相比有什么独到或者过人之处？

（二）了解目标职位

知己知彼，百战不殆。如果能了解用人单位、了解目标职位，我们就能够做到有备无患。

1. 搜集招聘单位的资料

尽可能多了解招聘单位的性质和背景。以应聘幼儿教师为例，你要清楚应聘的幼儿园属于市级园还是地方园、它的办园特色是什么，同时还要尽可能多了解它的业务情况，比如它的生源怎么样、师资力量怎么样、发展前景如何。另外，对招聘单位的内部组织、员工福利、工资待遇、工作地点也应该了解清楚。

这些资料我们可以从网上搜集，也可以从你的朋友、家人那里打听，还可以向在招聘单位工作的熟人咨询，或通过电话、广告、杂志等渠道了解。

一个对招聘单位一无所知的求职者，面试时往往会失败。相反，如果你能够了解招聘单位的概况、目标和宗旨，也许会给其留下良好的印象。

相关链接

毕业生小王去一家高级购物中心面试时说道："在每次乘坐贵商场的自动扶梯的时候，我都能够看见这样一条标语'比承诺做得更好'。然后我就仔细观察你们的服务，发现你们为顾客提供了非常好的购物环境。比如，在每一层楼都安装了自动饮水机，让顾客在疲惫的时候可以更加舒适地休憩；你们的导购人员在遇到顾客的刁难时，依然能够耐心地安抚顾客。这所有的一切都让我真切地体会到了什么叫作'比承诺做得更好'。所以，如果你们选择了我，我也一定会比承诺做得更好。"

就是这样一条标语，让用人单位感受到了小王对这份工作的真心，小王也因此顺利地获得了工作的机会。

2. 搜集面试官的相关情况

如有可能，事先了解面试官的姓名，在面试的时候准确地说出他们的姓氏会给你加分。然后，要尽可能地了解他们的性格、为人处世的方式、兴趣爱好。你和他们有哪些共同之处？是否有共同认识的人？只有对面试官的情况了如指掌，你才能在面试的时候可守可攻，自始至终立于不败之地。

综合上述观点，在面试前应该首先思考这样几个问题：

该职位的工作职责有哪些？

该职位的优秀者是怎样的？是怎样做到优秀的？

该单位的概况、目标和宗旨是什么？

该职位所需要的主要能力、知识技能有哪些？

二、形象准备 >>>>>>>>>>>>>>>>>>>>>>>>>>>>>>>>>>>>>>

面试的时候，给面试官留下良好的第一印象非常重要。因此，在面试前，我们必须打理好自己的形象，它包含了发型、口部、面部、手部、服饰五个要素。

（一）发型

发型的基本要求是无异物、无异味。最好提前一周去修剪自己的头发，不要让头发遮挡住自己的面部。具体的要求如下。

1. 头发长短要适中

男女有别，不能"安能辨我是雌雄"。对于女性来说，头发的长度最好和身高成正比。

2. 发型要得体

每个人的发质、脸型、身高、胖瘦、年纪、着装、配饰都不一样，要根据自己的特点选择合适的发型。比如，国字脸的人就不适合理板寸。

（二）口部

面试前不要吃韭菜、大蒜等刺激性的食物，保持口气清新，做到无异味、无异物。在冬季，我们还要特别注重保持嘴唇的滋润。

（三）面部

男性在面试前要修面剃须。女性在面试前的一段时间要呵护好自己的皮肤，面试的当天除了要剃多余的毛发外，还要化淡妆。所谓淡妆，就是你的妆面看起来要自然。自然是美化仪容的最高境界，它使人的面容看起来生动。因此，我们需要了解自己面部的特征，然后再去进行修饰。

面试时妆容的要求如下。

妆面要协调：色彩搭配合适，浓淡协调。

全身要协调：脸部化妆要跟发型、服装、配饰相协调。

角色要协调：毕业生需要根据面试具体职位的要求来设计妆容。比如，公关、礼仪、接待、服务业要求应聘者的妆容浓淡相宜，教师的职业特性决定了应聘者的妆容不能过于夸张。

（四）手部

面试前应当修剪指甲，女性最好不要留长指甲或者美甲。手部的皮肤要进行适当的保养。

（五）服饰

面试时，服装切忌过于时髦、鲜艳。干净、整洁、合体是选择面试服装的原则。

颜色的选择：需要考虑自身的肤色，同时可以选择保险的蓝色和黑色。

款式的选择：不要穿自己不曾尝试过的款式。比如你平时不穿裙装，那么面试时你就不要选择裙装。

尽量不要戴配饰，如果要戴，最好不要超过三种，并且遵循同质同色的原则。

学习笔记

三、其他准备 >>>>>>>>>>>>>>>>>>>>>>>>>>>>>>>>>>>>

记清时间、地点，确定交通路线、交通工具及所需时间，准备好必备物品，保证充足的睡眠。

学习任务 2
编写简历

别小看一份小小的简历，它能告诉用人单位你的心意，是用人单位衡量一个人是否值得信赖的标准之一。

顾名思义，简历就是对个人学历、经历、特长、爱好及其他情况所作的简明扼要的书面介绍，是个人形象包括资历与能力的书面表述。

简历是用于应聘的书面材料，它的作用是言人所不能言。用人单位没有那么多的时间让你把人生经历全部说出来，你可以通过简历向用人单位表明你拥有能够满足特定工作要求的技能、资质和自信。优秀的简历就是一件营销利器，它向用人单位证明你能够为其解决问题或者满足其特定需要，确保你能够面试成功。

一份简历一般包含两个方面的内容：自荐信、履历表。

📝 学习笔记

一、自荐信 >>

自荐信与履历表一样重要，事实上，寄出的简历中不能没有自荐信。自荐信和履历表不同，因此，它的内容不应当与履历表的内容重合。履历表告诉别人你的个人信息、你的经历和你的技能，而自荐信告诉别人你能为用人单位做些什么。

（一）编写要求

信的第一部分要说明你为什么会向用人单位寄出简历。信的第二部分要简短地叙述自己的才能，特别是这些才能将满足用人单位的需要。没有必要具体陈述，因为还有履历表。

（二）注意事项

第一，用人单位的名称要准确。

第二，一开始就要写出自己的姓名。

第三，说明自己要应聘的职位。

第四，大致陈述自己的情况。

第五，明确自己有能力、有兴趣、有信心胜任。

第六，适当地赞美用人单位。

第七，诚恳地表明希望获得面试的机会。

第八，信的结尾要表明"希望能为贵单位效力"，体现出自己为该单位服务的强烈愿望。

第九，不要忘记填写落款、日期。

第十，联系电话要在简历的封面、自荐信的最后填写。

相关链接

学前教育专业学生自荐信范文

尊敬的校领导：

您好！

我叫××，毕业于××幼儿高等师范学校。在 5 年的学习中，我努力学习专业知识，从各门课程的基础知识出发，努力掌握技能技巧，深钻细研，寻求其内在规律，并取得了良好的成绩。

在教育教学方面：我主要担任的是语言、音乐、科学三门学科的教学工作。我严格制订教学计划，按预定计划完成教学任务，并结合存在的实际情况进行良好的随机教育和品德教育。

在语言教学方面：为了解决我们班小朋友语言能力差的问题，我为孩子们提供尽可能丰富的语言环境；每周在语言区增添新的内容，让小朋友对语言区永远都保持着一种新鲜感。在班上经常开展讲故事比赛等活动。常常利用空余时间进行"连词游戏""连句游戏""字宝宝不见了"的游戏。小朋友们开心，也乐在其中。通过一学期的学习，小朋友们说的能力得到了明显的提高。如能大方地在集体面前说话、讲故事并且声音响亮，谈话和讲话都能围绕主题，能根据文学作品提供的线索仿编或续编一个情节。

在科学教学方面：以幼儿为主体，通过指导幼儿进行探索活动，促进幼儿全面发展。我十分强调幼儿在探索活动中要学会感知、探索、发现，在自身的经历中认识周围的世界，获取相关的感性经验和知识；重视观察、分类、测量、表达、思考等科学方法、智力技巧的学习；强调发展幼儿的好奇心、科学兴趣和对自然界的情感和态度、个性品质的培养；强调物质材料的提供、环境气氛的创设等。强调使用工具和制作技能的学习，动手操作能力的培养。现在小朋友们都很喜欢上科学课，都爱上了科学。他们的动手能力增强了，如制作玩具电话、拖鞋、扇子、风车等。

有人把幼儿教育比作一项综合性、艺术性的系统工程，是培养合格的跨世纪人才的基石。但是，我们每一位教师都深有体会：要保证孩子的全面发展，单靠幼儿园教育是远远不够的。我们每一个活动的成功开展、幼儿的每一点进步，都渗透着老师们的心血，更离不开家长们的支持。为了更好地开展家长工作，只要孩子在幼儿园发生大小事情，我都会及时主动地与家长取得联系。孩子的进步与家长一起分享，孩子的缺点和家长一起分担。通过长久的坚持，家长们都非常信任我，有什么事情都会和我说。

安全工作是幼儿园工作的重中之重。要加强安全工作，自己必须深入了解安全工作的法规。为了更好地开展班级安全工作，我每天利用空余时间学习安全工作的法律、法规。每周用生动的故事情节表演对幼儿进行安全知识教育，并渗透到他们的日常生活中。时时让幼儿牢记"安全第一"。在幼儿园开展的师生安全知识竞赛中，本班取得了第一名的好成绩。每周的班会，安全工作是必须要讨论的内容。每天进行安全检查是必须要做的事情。在将近一年的时间里，本班没有任何安全事故发生。

在教育小朋友的过程中，我也不断地努力提高自身的素质、不断地完善自身修养、不断地汲取教学经验。通过在幼儿园的观摩学习，我受益匪浅！我时刻严格要求自己，努力把理论知识转化为实践，并运用到教学活动中！我热爱幼儿教育事业。我深深地体会到幼教工作的崇高、责任的伟大，体会到实践工作中的意义与欢乐！

此致

敬礼

自荐人：××

×年×月×日

二、履历表 >>>>>>>>>>>>>>>>>>>>>>>>>>>>>>>>>>>

（一）履历表的写法

个人简历可以用表格的形式，也可以用其他的形式，一般注明以下信息。

第一，个人资料：姓名、性别、出生年月、家庭地址、政治面貌、婚姻状况、身体状况、兴趣爱好、性格等。

第二，学业有关内容：就读学校、所学专业、学位、外语及计算机掌握程度等。

第三，本人经历：入学以来的简单经历，主要是担任社会工作或加入党团等方面的情况。

第四，所获荣誉：三好学生、优秀党团员、优秀学生干部、专项奖学金等。

第五，本人特长：计算机、外语、驾驶、文艺、体育等。

（二）编写原则

第一，要实事求是：千万不要有吹嘘的成分，否则一旦用人单位核实便不可能有录用的机会，甚至有可能影响你今后的求职。

第二，要有针对性：毕业生在投简历的时候可能会选择几家不同的单位，它们的性质不同，简历自然也不能千篇一律。想要得到机会，就要有针对性。

第三，要内容全面：包括个人基本信息、教育背景、工作经历、成绩业绩和技术水平等。

第四，要简练：面对成千上万的简历，用人单位不可能有精力细看，因此语言一定要简练。

第五，要一目了然：方便用人单位翻阅，并且准确找到想要获得的信息。

第六，要一丝不苟：简历是求职者展示诚意的第一步，要包装得精细一些，保证纸张的平整、清洁。

（三）注意事项

第一，首先要突出过去的成就。过去的成就是你的能力的最有力证据，详细地把它们写出来会有说服力。

第二，履历表切忌过长，应尽量压缩在三页之内。最重要的是，要有实质性的内容给用人单位看。

第三，履历表上的资料必须客观而实在，千万不要吹嘘。要本着诚实的态度，有多少写多少。

学习笔记

第四，和写自荐信一样，资料不要密集地堆在一起，项目与项目之间应有一定的空白。

第五，切记不要写对申请职位无用的东西。

第六，简历 200～300 字即可，不宜写得太多。

制作简历可以根据自身情况选择适合自己欲从事的行业和职业的简历模板，并且在制作简历之前应该作出相应的职业规划。简历的写作质量对求职效果至关重要，如果对自己的写作能力有所怀疑，亦可尝试寻找代写简历机构。

相关链接

简历(样例)

姓　名	××	性　别	××	民　族	××	相片
出生年月	2000 年 2 月	政治面貌	团员	文化程度	大专	
毕业学校	南京晓庄学院	健康情况	良好	专　业	学前教育	
籍　贯	江苏省					
身份证号	××××××××××××		职业技术等级		教师资格证	
联系电话	××××××××××		电子邮件		×××××@163.com	
求职意向	幼儿教师					
特　长	(1)熟悉幼儿教育。 (2)舞蹈一级，钢琴十级，熟练操作计算机，包括 Word 排版和 Excel 制表。 (3)喜欢音乐，爱好文娱活动。					
教育背景	时　间		在何处学习			
	2018 年 9 月—2021 年 7 月		南京晓庄学院			
	2015 年 9 月—2018 年 7 月		南京市第二十七中学			
社会实践	2020 年 5—7 月在第一幼儿园实习。 2020 年 7—9 月在中华路幼儿园实习。 2020 年 9 月—2021 年 2 月在南医大幼儿园实习。					
自我评价	本人性格开朗、吃苦耐劳、诚实守信、爱岗敬业、勇于创新，具有较强的工作能力、学习能力、团队精神。 现已获得教师资格证及钢笔字、书法、初级计算机证等证书。					
奖励情况	2019 年获得二等奖学金。					
本人就业志愿	本人愿意到贵园担任此岗位，用所学的专业知识为贵园服务。					

学习任务3
求职过程中的礼仪规范

求职过程中的礼仪规范应以个人礼仪规范和公务场合礼仪规范为原则，加以学习与训练。此外，可特别参考以下内容。

礼仪			要求	禁忌
仪容仪表礼仪	仪容	头发	修理好发型，梳理整齐	有头屑，头发凌乱，发型怪异
		面部	干净，淡妆	浓妆
		口部	无异物，无异味	面试前吃大蒜、韭菜等
		手部	修剪指甲	长指甲、艳丽的指甲油
	举止	站姿	挺拔 向上 立腰	垂头、含胸、叉腰 东倒西歪、手插兜、抖腿
		坐姿	轻而稳 坐椅子的2/3处 左进左出 双膝并拢	抖腿 跷腿 满座 故意坐在椅子边缘
		走姿	洒脱 立腰收腹 步幅：一脚 臂部：自然摆动	内八字、外八字 脚蹭地面 扭臀 跑
		表情	眼神真诚，坦然，亲切	游离，不注视交谈对象或死盯交谈对象
			微笑真诚，甜美	无表情
		手势	运用适度	用手指乱点
	着装	服装	干净，整洁，合体	杂乱 色彩艳丽
		饰物	少而精	佩戴多种饰物
交往礼仪		称呼	正式 规范	你 哎，喂
		进门	敲门时先敲2下，隔3秒再敲2下；进门时注意面向对方	敲门过轻或过重，次数过多或过少；进门面向错误
		递物	双手递物 正面朝向对方	单手递物 文字反向给对方

续表

礼仪			要求	禁忌
交往礼仪	自我介绍	时机	对方看着你时	对方在忙碌时
		辅助工具或人员	你的资料	没有资料
		时间长度	半分钟到1分钟	长篇大论
		内容组织	公务式	寒暄式 社交式
	交谈	语言	准确，文明，礼貌	不礼貌 不文明用语
		声音	语调柔和悦耳 语速快慢适中	过高或过低
		表达	清晰准确	语句不流畅
		聆听	认真专注	心不在焉，不耐烦 东张西望，做小动作
		致谢	结束时致谢	直接走掉

学习笔记

面试的常规环节是：入场、坐定→自我介绍→考官提问，双方交谈→考官请应聘者提问→考官示意结束。我们来看看各环节中需要注意的礼仪问题。

一、入场、坐定 >>>>>>>>>>>>>>>>>>>>>>>>>>>>>>>>

当你走进面试场所的时候，用人单位的考官就已经开始对你进行评估。因此，从进门的一刹那起，你就要给考官留下良好的第一印象。

特别要注意的是不可慌乱，站定或者坐定才可开始说话，否则会显得不稳重。

二、自我介绍 >>>>>>>>>>>>>>>>>>>>>>>>>>>>>>>>

第一要注意的是自我介绍的时机。

如果考官在互相交流，那么此时不宜进行自我介绍。你可以等考官注意到你的时候再开始说话。

第二要注意的是自我介绍的内容。

首先，应当采用公务式的自我介绍作为开头，你可以这样说："您好，我叫××，毕业于幼儿高等师范学校，所学的专业是学前教育。今天我来面试的是幼儿教师一职。"切不可像挤牙膏似的等考官提问才开始说话。记住，面试中的自我介绍实际上是自我推销，过分含蓄没什么用。其次，可以说一说你在学校取得的突出成绩，说的同时注重与考官的眼神交流，切不可翻白眼或目光游离。最后，必须要说一说你的社会实践。实践出真知，现在的用人单位非常注重应聘者的社会经验，它们需要的是熟练工。

三、考官提问，双方交谈 >>>>>>>>>>>>>>>>>>>>>>>>>>>>>

此环节，考官会出一些问题来考察你的反应力，或者看看你是否能够胜任这项工作。在考官提问的时候，要眼神真诚、仔细聆听。回答的时候，吐字要清晰。涉及一些敏感问题时，要注意回答的技巧。

比如，考官提问：你对待遇有什么要求？多少觉得合适？对于此类问题，不要随意给自己标价，可实事求是地请对方定夺。

四、考官请应聘者提问 >>>>>>>>>>>>>>>>>>>>>>>>>>>>>

基于供大于求的现状，用人单位一般不会给应聘者提问的机会。

五、考官示意结束 >>>>>>>>>>>>>>>>>>>>>>>>>>>>>>>

无论面试成功与否，道一声谢谢是最基本的礼仪。这在尊重他人的同时也尊重了自己，能够充分体现出应聘者的职业素养。

思考与练习

一、简答题

(1)面试前应该做好哪些准备？

(2)结合自身特点，说说你如何选择面试服装。

(3)制作一份简历。

二、实践训练题

"细节体现教养，细节展示素质，细节决定成败。"结合求职面试，谈一谈你对这句话有何看法。

学习反思

专题七
涉外礼仪

学习目标

通过本专题学习，你应该能够实现以下目标。

1. 掌握外事活动中的礼宾次序。
2. 了解涉外礼仪中部分国家对数字、颜色、花卉、动物图案的禁忌。
3. 了解我国与其他国家的主要传统节日及礼俗。

涉外礼仪，即对外交际礼仪，是人们在对外交往中用以维护自身形象，向交往对象表示尊敬与友好的约定俗成的习惯做法。其基本内容就是国际交往惯例，指的是参加国际交往时须认真了解并遵守的常规通行的做法。概括而言，就是国际通则。

相关链接

国旗挂反，菲不要求美道歉

美国政府在奥巴马总统出席的一个国际场合上把菲律宾国旗挂反了，菲律宾总统府马拉坎南宫表示相信这是无心之过，不会要求美国道歉。

奥巴马2010年9月24日在纽约华尔道夫大饭店出席了"东南亚国家联盟—美国领导人会议"，结果会场上的东盟10国国旗中，出现菲律宾国旗红色条纹朝上的乌龙。

菲律宾国旗是全世界唯一平时与战时挂法不同的国旗：平时蓝色条纹在上，象征以和平、真理与正义覆盖国土；战时换成红色条纹在上，象征全民抗敌，不畏流血牺牲。

马拉坎南宫稍早前就国旗挂反一事向美国驻菲律宾大使馆发出声明，美国大使馆发言人汤普森回应："这是无心之过，美国珍视与菲律宾之间亲近的双边暨伙伴关系。"但他并未明确地提出道歉。

菲律宾总统府发言人陈显达在记者会上表示，菲律宾政府对于美国大使馆的说法已经感到满意，菲方相信这不是美方的一次外交失礼，重要的是两国关系保持友好。

陈显达说明，其实菲律宾外交部礼宾司当时就已发现国旗被挂反，而且立即通知了美国国务院礼宾司，但对方以安全考量为由，没有立即修正错误。他表示，马拉坎南宫相信"这不是美国对菲律宾的蓄意羞辱"。

虽然美国挂反菲律宾国旗是无心之举，但是毕竟是失礼之举，自然会引起媒体的关注。

学习任务 1
外事接待礼仪

学习笔记

在国际交往中，无论是官方还是民间，礼宾都是一项非常重要的工作。许多外事活动通常是通过各种交际、礼宾活动进行的，除了国际通则，各个国家也可根据自己不同的特点和风俗习惯采取独特的做法。在对外交往中，我们除了要发扬我国作为礼仪之邦的优良传统外，还应充分尊重各国、各民族的风俗习惯，了解它们不同的礼仪做法，从而使我们在对外活动中做到有礼有节、不卑不亢。

一、礼宾次序 >>>>>>>>>>>>>>>>>>>>>>>>>>>>>>>>>>

礼宾次序是指国际交往中对出席活动的国家、团体、各国人士的位置按照某些规则和惯例进行排列的先后次序，体现了东道主对各国宾客所给予的礼貌和尊重，在国际性集会上则表示各国主权平等的地位。礼宾次序的安排必须符合国际惯例。

常见的礼宾次序有两大类：一类是为了明确区分参与者的高低、上下、长幼等方面的关系，目的是给予高者、上者、长者相应的尊重和礼遇；另一类是为了表示所有参与者在权利、地位上是完全平等的。

（一）关系不对等时的排列规则

参与者关系不对等时，礼宾次序应按照职位高低、年龄长幼、关系亲疏、实力强弱来排列。

其基本规则是：上级在先，下级在后；尊者在先，次者在后；长辈在先，晚辈在后；强者在先，弱者在后；女士在先，男士在后。高者、尊者的定义根据活动的目的与内容、主人的价值取向和客观需要等不同情况来决定。

官方活动可以职位高低为标准，经济活动可以实力强弱为依据，等等。例如，就主席台上的位次而言，按前后排关系，前排就座者为高、为尊、为强，后面各排依次递减。在同一排上，中间为高、为尊、为强，两边各位置依次递减。就两侧的同位置而言，右边为高、为尊、为强，左边次之。

在行走、就座、乘车等方面也有次序可言。走路、入座时，两人并行，右为高，左为次；两人前后行，前为高，后为次；三人并行，中为尊，右为次，左再次；三人前后行，前为尊。若是在不平坦的路上或是到达不熟悉的地方，则应有人在前面引路，尊者在引路人之后。

国际交往中，由于各个国家的体制不同、习惯不同，需要根据具体情况恰到好处地予以安排。

（二）关系对等时的排列规则

我国在涉外活动中的排列次序，通常有以下几种排法。

1. 按身份与职务高低排列

官方的正式活动通常按身份与职务高低安排礼宾次序，这是礼宾次序排列的主要依据。如按国家元首(总统、主席、国王)、国家副元首(副总统、副主席)、政府总理(首相)、政府副总理(副首相)、部长(大臣)、副部长等顺序排列。

由于各个国家的体制不同，要根据各国的规定，按相当的级别和官衔进行安排。各国提供的正式名单或正式通知是确定职务的依据。

2. 按字母顺序排列

在多边活动中，礼宾次序也常按参加国国名字母顺序排列，一般以英文字母顺序排列。如在国际会议、国际比赛中，公布与会者名单、悬挂与会国国旗，以及安排座位时，往往按各国国名的英文拼写字母顺序排列。联合国大会的席次也按英文字母排列，但为了避免有些国家总是占据前排席位，也常用每年抽签一次的办法来决定本年度的席位以哪个字母打头，以便使各国都有机会排列在前。

在国际体育比赛中，体育代表团名称的排列和开幕式出场的顺序一般也按国名第一个字母排列(东道国排在最后)。但体育代表团观礼或召开委员会、理事会等，则按出席代表团的团长的身份高低排列。

3. 按通知代表团组成的日期先后排列

在一些国家举行的多边活动中，按通知代表团组成的日期先后排列礼宾次序也是经常采用的办法之一。其具体做法可分为以下三种情况。

(1)按派遣国通知东道国该国代表团组成的日期先后顺序排列。

(2)按派遣国决定应邀派遣代表团参加该活动的答复时间先后顺序排列。

(3)按各国代表团抵达活动地点的时间先后顺序排列。

具体采取何种排列方法，东道国须在致各国的邀请书中加以注明。

在实际工作中，遇到的情况往往比较复杂。所以，礼宾次序往往不能按一种方法排列，而是几种方法交叉并考虑其他有关因素，如国家之间的关系、所在地区、活动性质和内容、对活动贡献的大小，以及参加活动的人员的威信、资历等。

二、国旗悬挂礼仪 >>>>>>>>>>>>>>>>>>>>>>>>>>>>>>>>

国旗是一个国家的象征和标志，悬挂国旗必须慎重。在国际交往中，悬挂国旗已形成了各国所公认的惯例。

（一）悬挂国旗的场合

为维护本国的国家尊严，任何主权国家均不允许在本国国境之内随意悬挂或摆放外国国旗。

按国际关系准则，一个国家的元首、政府首脑在他国领土访问期间，在其下榻处及所乘坐的交通工具上悬挂国旗是一种外交特权。东道国接待来访的外国国

学习笔记

家元首、政府首脑时，在贵宾下榻的宾馆和乘坐的汽车上悬挂对方（或双方）的国旗是一种礼遇。此外，国际上还公认，一个国家的外交代表在接受国境内有权在其办公处或官邸以及交通工具上悬挂本国国旗。

在国际会议上，除会场悬挂与会国国旗外，各国政府代表团团长也会按会议组织者的有关规定，在一些场所或车辆上悬挂本国国旗；有些体育比赛、展览会等国际性活动，通常也会悬挂参加国家的国旗。

除国际法规定外，我国目前允许五种场合悬挂或摆放外国国旗：其一，外国国家元首、政府首脑正式到访；其二，外国贵宾访问期间，我国举行重要的礼仪活动；其三，国际会议在我国举行；其四，重大的国际活动在我国举行；其五，为在我国进行的国际经济重要项目而举行的庆典或仪式。

（二）悬挂国旗的方法

在建筑物上或在室外悬挂国旗，都应日出升旗、日落降旗。平时升旗一定要升至旗杆顶，不能使用污损的国旗。

按国际惯例，悬挂双方国旗，以右为上、左为下。常规是：如并排升挂两面国旗，应以国旗自身面向为准，一般将外国国旗悬挂在右侧、本国国旗悬挂在左侧；汽车上挂旗，以汽车行进方向为准，驾驶员右手方向为客方、左手方向为主方。

并排升挂三面以上国旗时，应按礼宾序列自右而左依次升挂。通常，东道国国旗居于末尾。但举行国际会议时，东道国国旗不必居后。

我国规定，在中国境内悬挂外国国旗时，必须同时升挂中国国旗，其高度要相等、面积要相似，以示相互平等。国旗象征着国家，在涉外交往中升挂国旗时，绝不容许将任何一方的国旗弄错或挂错。

学习任务 2
涉外礼仪中的习俗与禁忌

在涉外交往活动中，除了遵守国际礼节规范外，在不同的宗教、历史文化、民俗影响下，各个国家和地区都有自己的风俗习惯，影响着人们的习惯性行为和社会生活。应对其进行充分了解、恰当掌握，才能在社交活动中相互尊重、和谐共处。

各国、各民族的习俗千姿百态，这里列举一些有普遍性、代表性的禁忌事项。

一、数字的忌讳 >>>>>>>>>>>>>>>>>>>>>>>>>>>>>>>>>>>>>>

数字的忌讳在很多国家都存在。受基督教影响，西方人普遍忌讳"13"。此外，西方人还忌讳"3"。特别是点烟的时候，当点到第三个人时，他们往往会面露难色，有的人甚至会礼貌地拒绝。

在非洲，大多数国家不太喜欢奇数，认为奇数有消极色彩、偶数是积极的象征。但在日本人、泰国人、北欧人眼里，奇数被看作吉祥的数字。不过，在日本要尽量避免"4"和"9"。韩国人对"4"也很反感。新加坡人忌"7""8""37""69"等。

二、颜色的忌讳 >>>>>>>>>>>>>>>>>>>>>>>>>>>>>>>>>>>

一般说来，红色象征热情、喜庆、光荣、正义和力量，绿色象征和平、生命和青春，紫色象征高贵、威严和神秘，黄色象征和谐、宗教和信仰，黑色象征庄严，蓝色象征平静，青色象征深远、沉着，白色象征纯洁，灰色象征平凡、朴实，金、银色象征富贵、华丽，咖啡色象征坚实、含蓄。但是，由于自然条件、社会历史、宗教等因素，不同的国家、民族各有不同的颜色爱好和忌讳。

我国特别崇尚红色和黄色，普遍认为红色代表喜庆、光荣、正义和力量，黄色代表庄严和高贵。

白色表示肃穆、哀悼。中国人用白色面料做丧服；西方人用白色面料做结婚礼服，象征纯洁。印度人将白色视为不受欢迎的颜色。

日本人忌绿色，认为绿色是不吉祥的。但绿色却受到爱尔兰、意大利、马来西亚、新加坡、奥地利、保加利亚、挪威、瑞士等国的普遍欢迎。

欧洲许多国家以黑色为丧礼的颜色，遇到丧事习惯穿黑色衣服、系黑色领带、戴黑色礼帽或围巾及黑色面纱。西方人认为黑色使人显得严肃，也表示对死者的悼念和尊敬。

巴西人视棕黄色为凶丧之色，认为人死好比黄叶从树上落下来；叙利亚忌用黄色，认为黄色表示死亡之意；在埃塞俄比亚，穿淡黄色的服装表示对死者的深切哀悼；巴基斯坦也忌用黄色，因为黄色是僧侣的专用服色。但黄色在委内瑞拉被用作医务标志，得到尊重和爱戴。

蓝色在埃及被看作恶魔的象征；比利时人也最忌讳蓝色，如遇到不吉利的事，都穿蓝色的衣服。但在荷兰、挪威、瑞士、叙利亚、伊拉克等国，蓝色却是人们喜爱的颜色。

土耳其人忌用花色，认为它是凶兆。因此，他们在布置客厅、房间时喜用素色。

另外，对颜色的使用也由于政治、历史的原因而有禁忌。如委内瑞拉忌用红、绿、茶、黑、白色，法国、比利时忌用墨绿色。

三、花卉的忌讳 >>>>>>>>>>>>>>>>>>>>>>>>>>>>>>>>>>>

大多数人都爱花，鲜花美丽又有魅力，使人感受到蓬勃的生机和向上的朝气。但由于各国、各民族习惯不同，某些花的含意也有区别。

郁金香在土耳其被看作爱情的象征，但德国人却认为它是没有感情的花。

兰花是东南亚的象征，而在波兰被认为是激情之花。

白百合花对古罗马人来说是美与希望的象征，而古波斯人认为它是纯真与贞洁的象征。

荷花在中国、印度、泰国、孟加拉国、埃及等国评价很高，有"花中君子"之

✎ 学习笔记

称。人们常常借荷花赞美人的气节和风骨，不少国家把它定为国花。但荷花在日本却被认为是不祥之物，它意味着祭奠。

菊花是日本皇室的专用花卉，人们对它极为尊重，普通人忌用菊花作为室内装饰。可是，菊花在意大利和拉丁美洲各国只能用于墓地和灵堂。

此外，黄色的花卉在法国被视为不忠诚的象征，绛紫色的花卉在巴西一般用于葬礼。

在国际交际场合，普遍忌将四种花——菊花、杜鹃花、石竹花、黄色的花作为礼物送给客人。这已成为惯例，如不注意，将会造成不良后果。

相关链接

部分国家的国花

日本：樱花和菊花	朝鲜：迎红杜鹃	泰国：金链花	新加坡：万代兰
印度：荷花	菲律宾：茉莉花	新西兰：银蕨	美国：玫瑰
英国：蔷薇	法国：鸢尾花	荷兰：郁金香	瑞士：高山火绒草
意大利：雏菊	德国：蓝色矢车菊		

四、动物图案的忌讳 >>>>>>>>>>>>>>>>>>>>>>>>>>>>>>

大象在泰国和印度被看作吉祥的动物，它代表智慧、力量和忠诚；但在英国则忌用大象图案，人们认为它是蠢笨的象征。

孔雀在我国是喜庆的标志，可是在英国却把它看作淫鸟、祸鸟，孔雀开屏被英国人认为是自我炫耀、吹嘘的表现。

蝙蝠在我国被看作"福"的象征，但它在美国人眼里代表不吉利。

仙鹤在我国被看作长寿的象征，而在法国却是蠢汉和淫妇的代称。

马来西亚忌用狗图案，北非一些国家普遍忌用狗作为商标；但在欧美等西方国家则把狗视为神圣的动物、忠诚的伴侣，还常常把它作为家庭的成员向客人介绍。

日本人对饰有狐狸和獾图案的物品很反感，认为它们是贪婪、狡诈的象征，也不喜欢龟图案。瑞士忌猫头鹰图案，认为它是死亡的象征。澳大利亚人忌讳兔子，视兔子为不祥之物。在伊斯兰教盛行的国家和地区，忌用猪作为图案，也不用猪皮制品。

此外，在印度、缅甸、尼泊尔等国，把牛敬若神灵，视黄牛为"神牛"，不准鞭打、伤害、使役，更不准宰杀吃肉。在公路、闹市中遇见"神牛"，车辆、行人要回避、绕行。

学习任务 3
与礼仪相关的世界各国主要节日

一、中国传统节日 >>>>>>>>>>>>>>>>>>>>>>>>>>>>>>>>>>

（一）除夕：农历腊月三十或农历腊月二十九

✎ 学习笔记

除夕即大年三十，最早源于先秦时期。据说，古人用击鼓的方法来驱除"疫疬之鬼"，来年才会无病无灾。这就是"除夕"及除夕晚上放鞭炮的由来，是辞旧迎新、祛病消灾的意思。

（二）春节：农历正月初一

这是我国民间最隆重、最热闹的一个传统节日。春节的历史很悠久，它起源于殷商时期年头岁尾的祭神祭祖活动。在过去的传说中，年是一种为人们带来坏运气的想象中的动物。年一来，树木凋零，百草不生；年一过，万物生长，鲜花遍地。

待第一声鸡鸣响起，或是新年的钟声敲过，街上鞭炮齐鸣，响声此起彼伏，家家喜气洋洋，新的一年开始了。男女老少都穿着节日盛装，先给家族中的长者拜年祝寿，还给儿童压岁钱、吃团圆饭。初二、初三则开始走亲戚看朋友，相互拜年、道贺祝福，说些恭贺新禧、恭喜发财、过年好等吉利话，进行祭祖等活动。

（三）元宵节：农历正月十五

元宵节是中国的传统节日，早在 2000 多年前的西汉就有了，又称为"上元节"。

正月是农历的元月，古人称夜为"宵"，所以称正月十五为"元宵"。正月十五是一年中第一个月圆之夜，也是一元复始、大地回春的夜晚，人们对此加以庆祝，也是庆贺新春的延续。按中国民间的传统，在元宵节的夜晚，人们要点起彩灯，以示庆贺。大家出门赏月、燃灯放炮、喜猜灯谜、共吃元宵，合家团聚、同庆佳节、其乐融融。

（四）清明节：公历 4 月 5 日前后

清明节又叫踏青节，是我国的传统节日，也是最重要的祭祀节日，是祭祖和扫墓的日子。扫墓俗称上坟，是祭祀逝者的一种活动。汉族和一些少数民族大多是在清明节扫墓。按照旧的习俗，扫墓时，人们要携带酒食、果品、纸钱等物品到墓地，将食物供在亲人墓前，再将纸钱焚烧，为坟墓培上新土，折几根嫩绿的新枝插在坟上，然后叩头行礼祭拜，最后吃掉酒食回家。

清明节时正是春光明媚、草木吐绿的时节，也正是人们春游（古代称作踏青）的好时候。所以，古人有清明踏青并开展一系列体育活动的习俗。

（五）端午节：农历五月初五

端午节是中国人2000多年来的传统节日。由于中国地域广大、民族众多，加上许多故事传说，关于端午节不仅产生了众多相异的节名，而且各地也有着不尽相同的习俗，其内容主要有：女儿回娘家，挂钟馗像，迎鬼船、躲午，贴午叶符，悬挂菖蒲、艾草，游百病，佩香囊，赛龙舟，比武，击球，荡秋千，给小孩涂雄黄，饮用雄黄酒、菖蒲酒，吃五毒饼、咸蛋、粽子和时令鲜果等。除了有迷信色彩的活动已渐渐消失外，其余至今流传中国各地及邻近诸国。有些活动如赛龙舟等已得到新的发展，突破了时间、地域的界线，成了国际性的体育赛事。

关于端午节的由来，说法甚多。但千百年来，屈原的爱国精神和感人诗词已广泛深入人心，因此纪念屈原之说影响最广、最深，占据主流地位。在民俗文化领域，中国民众把端午节的龙舟竞渡和吃粽子等都与纪念屈原联系在一起。

（六）七夕：农历七月初七

又称"乞巧节"或"女儿节"，这是最具浪漫色彩的一个中国传统节日，过去也是姑娘们最为重视的日子。

七夕坐看牛郎织女，是民间的习俗。相传，每年的这个夜晚是天上织女与牛郎在鹊桥相会之时。传说，人们在七夕的夜晚抬头可以看到牛郎织女在银河相会，在瓜果架下可偷听到两人在天上相会时的脉脉情话。

织女是一个美丽聪明、心灵手巧的仙女，凡间的女孩们在这一天晚上向她乞求智慧和手艺，同时也少不了向她求赐美满姻缘。在这个充满浪漫气息的晚上，女孩们摆出时令瓜果，对着天空的朗朗明月，祭拜，乞求天上的女神能赋予她们聪慧的心灵和灵巧的双手，让自己的针织女红技法娴熟，更乞求姻缘巧配。

（七）中秋节：农历八月十五

农历八月十五是秋季的中期，所以被称为中秋。在农历里，一年分为四季，每季又分为孟、仲、季三个部分，因而中秋节也称仲秋节。从古至今，中秋节都有饮宴赏月的习俗；回娘家的媳妇当日必返夫家，以寓圆满、吉庆之意。

我国人民在古代就有"秋暮夕月"的习俗。夕月，即祭拜月神。到了周代，每逢中秋夜都要举行迎寒和祭月。设大香案，摆上月饼、西瓜、苹果、红枣、李子、葡萄等祭品，其中月饼和西瓜是绝对不能少的，西瓜还要切成莲花状。在月下，将月亮神像放在月亮的那个方向，红烛高燃，全家人依次拜祭月亮，然后由当家主妇切开团圆月饼。当家主妇要预先算好全家共有多少人，在家的、在外地的都要算在一起，不能切多也不能切少，大小要一样。

此夜，人们仰望天空如玉如盘的朗朗明月，自然会期盼家人团聚。远在他乡的游子，也借此寄托自己对故乡和亲人的思念之情。所以，中秋节又称"团圆节"。

（八）重阳节：农历九月初九

古老的《易经》中，把"六"定为阴数、把"九"定为阳数。九月初九日月并阳、两九相重，故而叫重阳，也叫重九。古人认为这是个值得庆贺的吉利日子，并且从很早就开始过此节日。庆祝重阳节的活动多彩浪漫，一般包括出游赏景、登高远眺、观赏菊花、遍插茱萸、吃重阳糕、饮菊花酒等。

"九九"与"久久"同音，九在数字中又是最大的，有长久、长寿的含义。在1989年，我国把每年的九月初九定为老人节，将传统与现代巧妙地结合起来，使重阳节成为尊老、敬老、爱老、助老的老年人的节日。

（九）腊八：农历腊月初八

农历十二月(又被称为腊月)初八，是我国汉族传统的腊八。这天，我国大多数地区都有喝腊八粥的习俗。

二、国外主要节日 >>>>>>>>>>>>>>>>>>>>>>>>>>>>>>>>>>

各国主要传统节日如下。

（一）樱花节

日本重要的民间节日之一。樱花是日本的国花。在古代，日本武士喜爱樱花，认为人生和樱花一样短暂，要在这有限的生命里做出轰轰烈烈的事业来。人们希望自己的一生像樱花一样璀璨美丽，这是日本人民喜爱樱花的主要原因。另外，还因为樱花象征纯洁、淡雅、高尚，总是给人们带来美好的春光。樱花是日本人民的骄傲，是勤劳、勇敢、智慧的日本人民的象征。每年3月15日至4月15日，日本各地樱花盛开，人们争相观赏并饮酒跳舞，已成为传统的节日。

（二）泼水节

缅甸人民的传统节日，类似我国的春节，于每年4月中旬举行。按照缅甸人民的风俗，水象征和平和幸福。泼水节是庆祝缅甸旧历年结束的一个节日，缅甸语叫"丁健"，有"去旧迎新"之意。泼水节还在南亚和东南亚一些国家流行，在印度叫洒红节，在尼泊尔叫抛红节，在泰国叫宋干节，是最神圣、最热闹的节日。每当节日来临，举国欢欣若狂，男女老少都穿上盛装、载歌载舞，用清水泼洒对方、互祝幸福。

（三）水灯节

水灯节又称佛光节，是泰国传统节日之一，于每年泰历12月15日(公历11月间)举行。相传，在大河小溪密布的泰国，人们为了感谢水神给他们造福、庆祝丰收，往往在农闲时节选择一个天气晴朗、月白风清之夜，举行放水灯的盛会，用散布于大河小溪中的数以万计的水灯来表达对水神的虔诚祈祷和对未来的美好祝愿。每当节日来临，男女老少身穿漂亮衣衫，手持五彩缤纷的水灯和绚丽的花束，从四面八方云集到大河小溪两岸，漂放和观看水灯。按照习俗，在把水灯放到河面上之前，人们都跪下双手合十祈祷。人们普遍认为放水灯意在放掉一切罪恶，水灯上闪烁着的烛光越长久，来年的运气将越好。所以，每个人都要目送水灯缓缓漂去。

（四）十胜节

印度教三大节日之一，于每年9月、10月举行。十胜节是欢庆罗摩战胜十首魔王罗婆那的节日，一共要庆祝10天。前9天到处搭台演戏，印度人称之为"罗摩里拉"，从罗摩出生演起，一直演到罗摩胜利为止。最后一天焚烧象征罗婆那的纸人，表示罗摩的彻底胜利。根据印度教的说法，罗摩是大神毗湿奴的化身。毗湿奴乃是保护之神，可以保佑国泰民安。

（五）情人节

情人节又名"圣瓦伦丁节"，起源于古代罗马，于每年 2 月 14 日举行，现已成为欧美各国普遍庆祝的节日。关于"圣瓦伦丁节"名称的来源，说法不一。有的说是纪念一位叫瓦伦丁的基督教殉难者，他因带头反抗罗马统治者对基督教徒的迫害被捕入狱，并在公元 270 年 2 月 14 日被处死。行刑前，瓦伦丁曾给典狱长的女儿写了一封信，表明了自己光明磊落的心迹和对她的一片情怀。自此以后，基督教徒便把 2 月 14 日定为情人节。有的说是纪念另一同名教徒，他因违背君王的意志、秘密为青年男女举行婚礼而遭监禁，死后成了情人们的"守护神"。还有的说情人节可上溯到古罗马的"牧神节"。为纪念牧神卢珀库的功绩，每年 2 月 14 日，人们都要举行游戏和舞会，而每个男青年则可在游戏中从一种"签筒"里抽出写有某个少女的名字的"签片"，被抽中的少女将成为他的情人。这一天也就成了青年恋人的节日。

以后，情人节带着它的浪漫色彩，由欧洲人漂洋过海传到了美洲，在新的土地上生根、开花。每当节日来临，青年们就忙着挑选礼物赠给心爱的人。人们送得最多的礼物要数圣瓦伦丁贺卡，上面印有各种象征爱情的图案。

（六）啤酒节

德国巴伐利亚州首府慕尼黑的民间传统节日。每年从 9 月开始，到 10 月结束，故又称"十月节"。通常在 9 月中举行一项仪式，在 12 响礼炮声中，由慕尼黑市长打开第一桶啤酒，象征啤酒节的开始。这个节日已有 210 多年的历史，始于 1810 年巴伐利亚国王的王子结婚时，举行大规模赛马活动，赛马结束后大家饮啤酒作乐以示庆祝。由于 10 月正是喜庆收获的节令，而巴伐利亚又是生产大麦和啤酒花的地区，故人们在辛勤劳动之余畅饮啤酒、唱歌跳舞，以表达内心的欢乐，以后相沿成习。今天，慕尼黑的啤酒馆比比皆是，啤酒的饮用量为世界第一。因此，人们惯称慕尼黑为"啤酒之都"。

（七）感恩节

北美独有的节日。1941 年美国国会决定在 11 月的第四个星期四举行，加拿大规定在 10 月的第二个星期一举行。感恩节起源于北美的普利茅斯。为了摆脱宗教和政治上的迫害，包括男女老幼共 102 人的一批英国清教徒，于 1620 年 9 月搭乘"五月花"号漂洋过海，11 月 21 日到达马萨诸塞州东南方的普利茅斯登陆定居。当时由于饥饿、寒冷、病魔，最后只有 50 人侥幸活了下来。这时，纯朴的印第安人给移民们送来了食物、工具，教他们捕鱼、狩猎、盖房子和种玉米。第二年秋天，移民们获得了丰收，渡过了生活的难关。这年 11 月底的一天，移民们准备了丰盛的欧洲式饭菜、自制了啤酒，热情的印第安人又送来了大火鸡和 5 只鹿，大家一起聚餐庆祝，以感谢上帝的恩赐，历时 3 天。事后，他们把这一天命名为感恩节，并逐渐推广到北美各地。今天，感恩节在北美已成为家人团圆、朋友相聚的全民性节日。感恩节期间的晚餐异常丰富，其中必备的菜便是火鸡肉和南瓜饼，故又名火鸡节。

（八）枫糖节

加拿大盛产枫树，有"枫叶之国"的美誉。每年 3 月，在春意犹浓之际，一年一度的枫糖节就开始了。几千个生产枫糖的农场粉饰一新，披上节日的盛装，向来自国内外的游人开放。有些农场还专门保留了早年印第安人采集树液及制作枫糖的器具，沿用古老的制作方法，为游客表演制糖的工艺过程。还在周末免费提供枫糖糕和太妃糖，给客人品尝。节日期间，热情的加拿大人还为游客们表演各种精彩的民间歌舞，带领来宾们去欣赏美丽繁茂的枫林、枫叶。

（九）愚人节

欧美各国的奇特节日，于每年 4 月 1 日进行。据记载，愚人节活动最早风行于法国，那里把愚人节受骗者叫"4 月的鱼"，意思是像小鱼一样容易上钩。这一风俗已有 400 多年的历史。

（十）母亲节

源于古希腊的一种民间风俗。它是古希腊人每到春天就要举行的一次盛大庆祝活动，纪念传说中的众神之母塞比亚，她是人类母亲的象征。

美国的母亲节是安娜·贾维斯推动创立的。在她历尽艰辛的努力下，终于得到美国总统威尔逊的签署同意。1913 年 5 月 10 日，美国国会通过决议，把每年 5 月的第二个星期日定为母亲节，以表示对所有母亲的崇敬和感激。

母亲节这天，家庭成员都要做各种使母亲愉快的事情，并向母亲赠送各种礼物表示祝贺。节日里，许多城镇的青年聚集在一起，将康乃馨送给前来参加聚会的母亲们。第二次世界大战后，母亲节逐渐流行到世界其他一些地方，成为人们喜爱的节日之一。

（十一）狂欢节

欧美各国的传统节日，它起源于古罗马的农神节、发展于中世纪、盛行于当代。狂欢节的节期各国不一，有的开始于元旦，有的开始于圣诞节或其他日子。即使同一国家，也有因地而异的情况。如德国的慕尼黑于 1 月 6 日开始过狂欢节，而科隆却在 11 月 11 日 11 时 11 分欢庆狂欢节的到来。多数国家在二三月间气温宜人之时举行狂欢节。意大利的滨海城市维亚雷焦是举世闻名的狂欢节胜地之一，巴西是世界公认的"狂欢节之乡"。

巴西的狂欢节是由葡萄牙人传入的，庆祝活动以里约热内卢的最为壮观。全城大街小巷装饰一新，马路两旁搭起牌楼和一排排临时看台。在持续 3 天的狂欢节中，不管白天黑夜，不分男女老幼，人们穿着节日盛装，有的戴面具，有的穿古装，有的画花脸，也有的男扮女装、穿旱冰鞋、踩高跷，以乐队为前导，在乐曲的伴奏下，表演各种精彩的节目。台上台下气氛交融，欢声笑语不绝于耳，桑巴舞的旋律更是响彻了大街小巷。相传，桑巴舞起源于非洲西海岸，传入巴西后吸收了葡萄牙和印第安人的舞蹈艺术，演变为今日的桑巴舞。当你在狂欢节期间看巴西人跳桑巴舞时，会觉得跳舞者的每一块肌肤似乎都在随着紧张的旋律和铿锵的节奏而抖动，并且是那样的如醉如痴，沉浸在近乎疯狂的兴奋之中。难怪巴西人说："没有桑巴舞，就不存在狂欢节。"

（十二）南太平洋艺术节

南太平洋地区具有浓厚地方色彩的重要节日，4 年一度，每次在六七月间举行。宗旨是"鼓励太平洋传统文化的保存和新生"，同时"在整个太平洋地区加强团结"。这是一个艺术的盛会和欢乐的节日。首届南太平洋艺术节是在 1972 年举行

📝 学习笔记

的，地点是在刚刚独立不久的斐济的首都苏瓦，有 16 个南太平洋国家和群岛参加。

艺术节期间，来自南太平洋岛国的几十个艺术团体和数以千计的表演者载歌载舞，日夜不停地连续演出。演出的节目大多是表现各岛人民的生活、劳动、爱情和神话的传统歌舞。他们服饰色彩艳丽、舞姿活泼热情、音乐悦耳动听，充分体现了南太平洋各族人民的艺术特色。

思考与练习

1. 我国在外事活动中常用的礼宾次序有哪几种？
2. 对外活动中，对数字、颜色、花卉、动物图案都有哪些常见的禁忌？
3. 中国传统节日有哪些？
4. 国外主要节日有哪些？

学习反思

参考书目

1. 唐志华. 幼儿教师礼仪基础教程. 上海：复旦大学出版社，2020.

2. 黄立新. 会议与会务工作. 北京：高等教育出版社，2004.

3. 郑玄注，孔颖达疏. 礼记正义. 北京：中华书局，1979.

4. 唐玄宗注，邢昺疏. 孝经注疏. 北京：中华书局，1978.

5. 朱熹. 诗集传. 上海：上海古籍出版社，1980.

6. 赵岐注，孙奭疏. 孟子注疏. 北京：中华书局，1979.

7. 班固. 汉书. 北京：中华书局，1975.